ACCESO GRATIS ***a la Lectura en la Nube***

Para visualizar el libro electrónico en la nube de lecture envíe junto a su nombre y apellidos una fotografía del código de barras situado en la contraportada del libro y otra del ticket de compra a la dirección:

ebooktirant@tirant.com

En un máximo de 72 horas laborales le enviaremos el código de acceso con sus instrucciones.

MODELO DE EVALUACIÓN DEL DESEMPEÑO JUDICIAL PARA LA RATIFICACIÓN DE JUZGADORES Y JUZGADORAS

Cuadernos de investigación judicial

COMITÉ CIENTÍFICO DE LA EDITORIAL TIRANT LO BLANCH

Procedimiento de selección de originales, ver página web:
www.tirant.net/index.php/editorial/procedimiento-de-seleccion-de-originales

MODELO DE EVALUACIÓN DEL DESEMPEÑO JUDICIAL PARA LA RATIFICACIÓN DE JUZGADORES Y JUZGADORAS

Cuadernos de investigación judicial

CLAUDIA GONZÁLEZ JIMÉNEZ

tirant lo blanch
Ciudad de México, 2023

En caso de erratas y actualizaciones, la Editorial Tirant lo Blanch publicará la pertinente corrección en la página web tirant.com/mx.

Este libro será publicado y distribuido internacionalmente en todos los países donde la Editorial Tirant lo Blanch esté presente.

Esta obra pertenece a la Colección Editorial Rumbo al Bicentenario. Centro de Investigaciones Judiciales de la Escuela Judicial del Estado de México. Calle Leona Vicario núm. 301, Col. Santa Clara C.P. 50090, Toluca, Estado de México Tel. (722) 167 9200, Extensiones: 16821, 16822, 16804. Página web: http://www.pjedomex.gob.mx/ejem/

Editor responsable:
Dr. Juan Carlos Abreu y Abreu
Director del Centro de Investigaciones Judiciales

Editora ejecutiva:
L. en D. María Fernanda Chávez Vilchis

Equipo editorial:
L. en D. Jessica Flores Hernández
L. en D. Orlando Aramis Aragón Sánchez

Diseño de portada:
Coordinación General de Comunicación Social
del Poder Judicial del Estado de México

© TIRANT LO BLANCH
DISTRIBUYE: TIRANT LO BLANCH MÉXICO
Av. Tamaulipas 150, Oficina 502
Hipódromo, Cuauhtémoc,
CP 06100, Ciudad de México
Telf: +52 1 55 65502317
infomex@tirant.com
www.tirant.com/mex/
www.tirant.es
ISBN: 978-84-1197-336-6
MAQUETA: Innovatext

Si tiene alguna queja o sugerencia, envíenos un mail a: atencioncliente@tirant.com. En caso de no ser atendida su sugerencia, por favor, lea en www.tirant.net/index.php/empresa/politicas-de-empresa nuestro Procedimiento de quejas.

Responsabilidad Social Corporativa: http://www.tirant.net/Docs/RSCTirant.pdf

Índice

PRESENTACIÓN

En todo Estado de Derecho, el equilibrio de los tres poderes, como lo son: el ejecutivo, legislativo y judicial, es lo que permite su estabilidad, consolidar la legitimidad institucional y la confianza en los servidores públicos.

En México, con la expedición de la Ley de Carrera Judicial del Poder Judicial de la Federación, publicada el 7 de junio de 2021; se establece enfáticamente la meritocracia, como factor para fortalecer la credibilidad y legitimidad de la labor del juez y la jueza.

En la sección tercera de dicha normatividad se considera la "Evaluación del Desempeño" como el mecanismo de evaluación de la eficacia y eficiencia del ejercicio de las funciones jurisdiccionales, en función de cada categoría de la Carrera Judicial.

Los juzgadores, son el actor central del sistema de impartición de justicia, a ellos les corresponde el papel fundamental de la justicia, es decir, proporcionar una salida institucional a los conflictos que se presentan en la sociedad y asumir la responsabilidad de impartir justicia en forma imparcial, pronta, completa y gratuita.

Así que, para tan relevante labor, es indispensable la evaluación del desempeño, concebida como un sistema de mejora de la actividad judicial y de apoyo al trabajo del juez, que contribuya a fortalecer la eficiencia, eficacia y calidad de la administración de justicia y de todo ello el Tribunal Superior de Justicia lo tiene claro, tan es así que lo ha puesto en práctica.

Sirva la presente obra para identificar los avances que el Poder Judicial local ha realizado al respecto y un espacio de autoreflexión de los nichos de oportunidad para incidir y fortalecer este nuevo esquema de evaluación en una categoría judicial toral en la impartición de justicia.

Ricardo A. Sodi Cuellar
Magistrado Presidente del Tribunal Superior de Justicia y del Consejo de la Judicatura del Estado de México.

INTRODUCCIÓN

La presente investigación, centrada en la evaluación del desempeño de los jueces en nuestro país, llega en un momento muy oportuno, toda vez que desde hace algunos años los poderes judiciales de prácticamente todos los países del mundo han sido objeto de numerosas críticas relacionadas con el comportamiento de sus integrantes. Tales cuestionamientos evidencian que esas conductas ponen en riesgo la independencia judicial y han encontrado en cierto sector de la población un terreno fértil en el que la crítica aflora. A título ilustrativo, cabe señalar que, de acuerdo con las Encuestas Nacionales de Victimización y Percepción sobre Seguridad Pública de los años 2020 y 2021, sondeos realizados y publicados por el INEGI, más de 43 % de los mexicanos confían poco o nada en sus jueces. Los datos derivados de estos estudios siguen siendo muy poco o nada alentadores, puesto que indican que la desconfianza en los jueces alcanzó un porcentaje del 44.9 %, mientras que el de la percepción de su posible corrupción fue de 68.4 %. A la luz de estos datos, no cabe sino concluir que el reto de fortalecer la carrera judicial no es una tarea menor.

Si se analiza la historia de los sistemas jurisdiccionales, puede observarse que durante muchos siglos los poderes judiciales fueron instituciones que, de una forma u otra, dependían del poder político y sus funciones se limitaban a impartir una justicia parcial que protegía los intereses del monarca o de las oligarquías gobernantes. No obstante, las ideas revolucionarias de fines del siglo XVIII, aunadas a la evolución de las propias cortes (como las de Inglaterra, por ejemplo), transformaron radicalmente esta situación en dos vertientes:

En primer lugar, tras la adopción de la tesis de la división de poderes en la Francia revolucionaria se replanteó la configuración de los juzgados para que constituyeran un poder público diferente e independiente de las demás instancias políticas.

Por otro lado, una segunda faceta, prácticamente simultánea y también nutrida de influencias ideológicas francesas, fue la fundación de los Estados Unidos de Norteamérica, dado que en los primeros años de su existencia se consolidó el papel del Poder Judicial Federal con facultades amplias de control constitucional mediante la *judicial review*, a partir del célebre caso *Marbury vs. Madison* (1803).

Es imprescindible destacar que, debido las cruciales diferencias entre las dos tradiciones jurídicas relacionadas con el establecimiento y desarrollo de los principios de legalidad y del *rule of law* (Estado de Derecho), los poderes judiciales se transformaron en instituciones independientes que trataban de impartir justicia a partir de situaciones establecidas, o bien en la ley escrita o codificada, o bien a través del seguimiento de resoluciones similares de otros jueces (precedentes) con cierto margen de discrecionalidad para adaptar las decisiones a las condiciones particulares de cada caso.

En este sentido, Frederick Schauer, quizás el filósofo y jurista americano más importante de los tiempos modernos y profesor de la Universidad de Harvard, señala que «los procedimientos de las cortes difieren de aquellos de las legislaturas, agencias administrativas, funcionarios ejecutivos, militares o corporaciones privadas. Y es que los actores jurídicos han sido entrenados para pensar y razonar en escenarios y contextos particulares que permiten establecer claras disparidades sociológicas, procedimentales y metodológicas, pero también desde una perspectiva exclusivamente informativa» (Defazio, 2014: 303)

En este marco, la consolidación de la independencia judicial pasaba por la intención de recuperar la confianza ciudadana en los poderes judiciales y en su personal, objetivo que jugaba un papel esencial en la reconstrucción e innovación de dichas instituciones.

Así, a raíz del problema identificado en los párrafos precedentes se procedió a consolidar un esquema de estudio y análisis que, en su versión de protocolo de investigación, se intitulaba «El Fortalecimiento de la Carrea Judicial en México. Hallazgos puntualizados desde lo local», texto que identificaba cuatro escenarios de investigación para ofrecer elementos de mejora y consolidación de la carrera judicial en el país.

En este intrincado escenario, que constituye una red de múltiples aristas sociales e institucionales porque se trata de una temática multifactorial —ya que analizar la carrera judicial exige el abordaje de un sistema integrado por diferentes procesos de naturaleza compleja—, las diversas problemáticas que se han investigado en este proyecto se estructuraron del siguiente modo:

Primer escenario de investigación: gira en torno a la elaboración de una propuesta de regionalización de las categorías o cargos judiciales.

Segundo: involucra una constante participación ciudadana para legitimar los procesos de selección, promoción, ratificación o remoción de los servidores públicos del Poder Judicial conforme a los criterios de los nuevos Estados democráticos y de Derecho.

Tercero: versa sobre la implementación del Sistema Permanente de Evaluación del Desempeño para, entre otros objetivos, dar cumplimiento a estándares internacionales; y

Cuarto: determina los mecanismos para evaluar la integridad y las capacidades de los funcionarios judiciales.

Del mismo modo, como sucede de forma natural en todo proyecto, a medida que fue desarrollándose el protocolo de investigación, la ruta crítica fue acortándose sin perder el objetivo prioritario: coadyuvar a las mejoras que puedan lograrse en el Poder Judicial del Estado de México.

En este contexto, el planteamiento del problema gira en torno al modo de lograr la consolidación el proceso de ratificación de los impartidores de justicia. Esta formulación propició el desarrollo de una hipótesis relacionada con la implementación de un correcto y eficiente modelo de evaluación del desempeño judicial para la ratificación de los juzgadores y las juzgadoras.

En consonancia con lo antedicho, se planteó la problemática a la luz de la segunda línea de investigación establecida por el Centro de Investigaciones Judiciales, centrada en la relación entre los jueces y la democracia en el Estado constitucional de Derecho, así como en el perfil del juez, todo ello bajo el imperio de los derechos humanos.

Posteriormente, para dar cumplimiento a las previsiones del cronograma, se procedió a diseñar una metodología mixta que trata de combinar elementos teóricos con el análisis empírico, así como con técnicas de análisis cuantitativo y cualitativo con el propósito de contar con una visión lo más completa posible del estado de la cuestión en este rubro y fortalecer el desempeño judicial a través de un modelo específico de evaluación.

Para ilustrar esta problemática en el ámbito de la mejora de los recursos humanos dentro del marco del perfeccionamiento del desempeño judicial, el ex viceministro peruano, Juan F. Jiménez Mayor, sostiene que «en la carrera judicial aún falta mucho por recorrer, debido a que los mecanismos de evaluación del desempeño si bien constituyen herramientas eficaces para alcanzar resultados, ello no constituye un fenómeno global en Latinoamérica, encontrándose solo algunos ejemplos de experiencias exitosas» (Jiménez Mayor, 2007: 3).

En esta misma línea, Jiménez Mayor sugiere la pertinencia de la adopción y la aplicación de estándares de valoración en nuestros países, toda vez que:

> La evaluación del desempeño busca la vinculación de la persona al cargo, integrando y configurando las obligaciones del empleo con las expectativas que tiene el trabajador sobre sí mismo, persiguiendo comprobar las fortalezas y debilidades, constituyendo una poderosa herramienta para estructurar programas de entrenamiento o capacitación. Es una gran base informativa para priorizar los recursos y fomentar las promociones e incentivos por el buen desempeño (*Idem*).

En nuestro país, las funciones de selección y promoción de los servidores judiciales recaen en el órgano de gobierno y en las instancias deliberativas de los Consejos de la Judicatura. De acuerdo con la normativa del Poder Judicial de cada entidad federativa, se ha considerado un sistema de procesos de ingreso, promoción, evaluación, permanencia y remoción de los servidores judiciales cuyas características comunes deben ser la independencia, la idoneidad y la eficiencia.

Estas son las bases de la implementación y operación de la carrera judicial, que en una primera etapa consiste en identificar los perfiles específicos e idóneos para el desempeño del cargo en función de los méritos y de otras características relevantes, requisitos que aseguran la transparencia y la objetividad del proceso.

De igual forma, la carrera ofrece a los servidores judiciales estabilidad laboral y crecimiento, dado que les permite llegar a puestos de mayor responsabilidad y jerarquía gracias a la formación, preparación y evaluación a las que son sometidos.

En atención a lo expuesto hasta aquí, el presente estudio se estructuró en cuatro apartados que se desarrollaron de la siguiente manera:

La primera parte se denomina «La necesaria evaluación judicial». En ella se explica, a través del bagaje normativo internacional y nacional, la evaluación de los sistemas de justicia, la exigencia legal de la evaluación y la calificación del desempeño como factores estratégicos para el desarrollo de las funciones en el seno de la institución.

El segundo apartado lleva por título «Modelos exitosos de evaluación del desempeño judicial. Las experiencias internacionales». Esta sección ilustra las condiciones que permiten la aplicación de diversos paradigmas de evaluación y muestra el desarrollo de los modelos internacionales más cercanos al contexto mexicano para que puedan inspirar la práctica nacional, entre ellos el modelo finlandés, el *CourTools* de Norteamérica, la Guía de Evaluación del Desempeño del Poder Judicial de Costa Rica y la Evaluación de Medición del Desempeño de Perú.

La tercera sección, denominada «Esquema de la investigación», contiene los datos del instrumento (cuestionario) de una investigación de campo que fue aplicado a servidores públicos judiciales. A tal efecto, se definió una población-muestra y se obtuvo el material de análisis que fue procesado por diversos métodos. Igualmente, el apartado establece las características del instrumento y las variables del estudio, la dimensión normativa y la matriz de categorías de la carrera judicial en México. Los datos fueron analizados y expuestos por medio de gráficas, lo que proporciona información relevante como la aceptación de la cultura de la evaluación en el desempeño laboral, toda vez que los servidores jurisdiccionales asocian su estabilidad dentro de la institución a su crecimiento y al reconocimiento del óptimo ejercicio de sus funciones.

El último rubro alberga la propuesta de solución de la problemática —es decir, el objetivo último de la presente investigación—, que es abordada desde el tópico central de las competencias para evaluar la idoneidad del perfil de los juzgadores. Igualmente, se examina el proyecto Alfa Tuning y se describen los conocimientos generales y de perfil específico que deben ser tomados en consideración en la conformación del Modelo de Evaluación del Desempeño Judicial de los jueces en el proceso de ratificación de la carrera judicial, a cargo de la Coordinación General de Evaluación del Poder Judicial del Estado de México.

1. LA NECESARIA EVALUACIÓN JUDICIAL

Por diversas razones, no solamente en México, sino también en el resto del mundo, el poder judicial y su evaluación no son bien conocidas y, hasta cierto punto, son incomprendidas y están alejadas de la ciudadanía. Sin embargo, se trata de un poder crucial para la democracia y la vida en sociedad, ya que cada determinación que se adopta dentro de sus dominios tiene un potencial impacto en nuestros derechos y nuestra calidad de vida.

La Administración de Justicia es un inextricable fenómeno multifactorial que resulta crucial para el correcto funcionamiento de toda la vida institucional y que, a la vez, constituye todo un desafío, pues, en primer término, su configuración conlleva el proceso de selección de los funcionarios judiciales, su profesionalización y la valoración sobre su posible permanencia en el servicio.

Tras la reforma de la Ley de Carrera Judicial del año 2021, se ha prestado mayor atención a la forma y el fondo del sistema de la carrera para combatir las consecuencias sociales negativas que se derivan del hecho de que el Poder Judicial cuente con juzgadores o impartidores de justicia que carecen de una preparación idónea y no sean adecuadamente evaluados, o que, en el peor de los casos, no tengan los méritos exigidos para ejercer la función jurisdiccional.

Actualmente, a lo largo y ancho del país, los procesos de selección, promoción y ratificación están armonizados con el principio de independencia, vínculo que constituye un aspecto neurálgico para que los tribunales judiciales impartan justicia con calidad y objetividad y logren fortalecer el Estado de Derecho.

En este panorama, la pregunta que surge es: ¿quién se encarga de seleccionar y promover a los servidores judiciales en México? La legislación establece que los Consejos de la Judicatura, tanto del ámbito federal como del local son los cuerpos colegiados facultados para diseñar, establecer y operar el sistema de organización y profesionalización de sus recursos humanos, conocido como «carrera judicial».

La Ley de Carrera Judicial del Poder Judicial de la Federación suministra la definición y establece la finalidad del cuerpo profesional de la judicatura en México. Concretamente, los artículos 4 y 5 del Capítulo Primero, ubicados en el Título Segundo, denominado «Carrera Judicial», hacen referencia a la finalidad de la carrera judicial en estos términos:

> Artículo 4. La Carrera Judicial constituye un sistema institucional encargado de regular los procesos de ingreso, formación, promoción, evaluación del desempeño, permanencia y separación de las personas servidoras públicas de carácter jurisdiccional del Poder Judicial de la Federación, basado en el mérito y la igualdad real de oportunidades.
>
> Artículo 5. La Carrera Judicial tiene como finalidad:
>
> I. Garantizar la independencia, imparcialidad, idoneidad, estabilidad, profesionalización y especialización de las personas servidoras públicas que forman parte de ella;
>
> II. Propiciar la permanencia y superación de sus integrantes, con base en expectativas de desarrollo personal mediante una carrera como personas servidoras públicas en el Poder Judicial de la Federación;
>
> III. Desarrollar un sentido de identidad y pertenencia hacia el Poder Judicial de la Federación;
>
> IV. Contribuir a la excelencia y eficacia de la impartición de justicia;

> V. Garantizar la legitimidad de los órganos jurisdiccionales que integran el Poder Judicial de la Federación, y
>
> VI. Vincular el cumplimiento de los objetivos institucionales con el desempeño de las responsabilidades y el desarrollo profesional de las personas servidoras públicas que forman parte de ella.

Cabe destacar que la Ley caracteriza la carrera judicial como un sistema conformado por diversos procesos, entre los que se encuentra la evaluación del desempeño de las personas servidoras públicas de carácter jurisdiccional, evaluación basada en el mérito y en la idoneidad de la personalidad del servidor.

Para comprender más adecuadamente la acepción de carrera judicial, se exponen aquí algunas estipulaciones contenidas en la Ley Orgánica del Poder Judicial del Estado de México (LOPJEM), de 6 de octubre de 2022, que en su Título Décimo Segundo, intitulado «Carrera Judicial, Capítulo Primero (Disposiciones Generales» y, más específicamente, en su artículo 171 establece:

> El Servicio de Carrera es el sistema institucionalizado que regula el conjunto de aspectos relacionados con la promoción de las y los servidores públicos del Poder Judicial, así como el ingreso de quienes aspiran a pertenecer a este.

Cabe destacar que el Poder Judicial del Estado de México es, hasta la fecha, el único poder judicial local que considera normativamente y *de facto* el Servicio de Carrera. Por ello, brinda mayor respaldo a la carrera judicial y a los procesos que la conforman. En este sentido, el artículo 172 de la LOPJEM establece la finalidad del servicio de carrera en estos términos:

> El Servicio de Carrera del Poder Judicial tendrá como finalidad contribuir al fortalecimiento de la impartición y administración de justicia, mediante la profesionalización

> y evaluación de los servidores públicos del Poder Judicial, con base en criterios objetivos y confiables que garanticen los mejores perfiles para el cumplimiento de sus funciones.

Conviene aquí hacer una pausa para destacar el relevante papel de la evaluación de los servidores públicos judiciales de la entidad mexiquense, que garantiza que la entidad federativa cuente con los mejores perfiles de los impartidores de justicia. En este sentido, el artículo 182 de la LOPJEM contempla la figura novedosa de la Coordinación General de Evaluación, cuya función será elaborar los criterios de evaluación y aplicar los procesos de selección para la totalidad de los servidores públicos.

Finalmente, con el propósito de identificar los dominios y funciones de la Carrera Judicial o del Servicio de Carrera en el Poder Judicial del Estado de México, el artículo 174 de la LOPJEM (ubicado en Capítulo Segundo, denominado «Áreas del Servicio de Carrera») establece:

El Servicio de Carrera dentro del Poder Judicial comprende las áreas:

I. Jurisdiccional;

II. Archivística; y

III. Logística y vigilancia.

Esta clasificación identifica las tres grandes esferas de servidores públicos que conforman el Tribunal Superior de Justicia, de las que el área jurisdiccional —conformada a su vez por diecinueve categorías que abarcan desde el oficial judicial hasta la magistrada o magistrado de Sala—, es la que presenta el mayor interés para el presente proyecto de investigación.

Las previsiones legales reproducidas pretenden redundar en un gran beneficio para la sociedad, toda vez que garantizan el derecho de acceso a la justicia a través del aseguramiento de la existencia de juzgadores independientes. A la luz de esta autonomía funcional, ha de entenderse que ninguna fuerza externa interfiere de manera directa en la asignación de jueces, el desarrollo de las audiencias o las labores de los tribunales.

En este sentido, durante la realización del presente proyecto de investigación tuvimos ocasión de constatar la importancia y el impacto positivo de la carrera judicial en el proceso de profesionalización de los funcionarios judiciales, así como la necesidad de contar con el diseño, la implementación y la evaluación del desempeño judicial en el proceso de ratificación de juzgadores en el Estado de México paro fortalecer otros rubros del proceso de profesionalización.

En consecuencia, además de identificar los aciertos, las áreas de oportunidad y las buenas prácticas, este documento pretende también coadyuvar tanto en la consolidación de la carrera judicial como en el proceso de ratificación de jueces y juezas en el Estado de México.

La presente investigación identifica como fortaleza el hecho de que los procesos de selección y promoción incluyan mecanismos para valorar la probidad de los funcionarios mediante evaluaciones de la ética e integridad de la persona aspirante. Asimismo, tanto en los seminarios concernientes a la formación en la normatividad anterior como en la nueva Ley Orgánica del Poder Judicial de la entidad, concretamente en el artículo 181 de la LOPJEM, se habla de la realización de cursos de inducción, considerados como un requisito indispensable para presentar el concurso de oposición. Estos cursos se han diseñado equilibradamente, ya que se centran en la adquisición de conocimientos teóricos y prácticos y que su metodología, acomodada a las exigencias internacionales, se basa en el modelo de competencias.

Indiscutiblemente, la carrera judicial puede ser mejorada. A tal efecto, es indispensable realizar evaluaciones periódicas a fin de identificar su eficiencia y efectividad. De igual forma, es necesario contar con indicadores que permitan poner en evidencia los avances, las dificultades y las áreas de oportunidad o de mejora. Para lograrlo:

> [...] se debe diseñar una estrategia que contenga instrumentos de evaluación, de manera que el propio Poder Judicial pueda elaborar diagnósticos actualizados de su sistema de carrera judicial para tomar decisiones que beneficien a la instrucción, a su personal y a la sociedad en general (México Evalúa, 2021: 18).

En este sentido, el hecho de haberse diseñado un nuevo modelo de la carrera judicial en la entidad mexiquense permitirá consolidar los cimientos de sus diversos procesos con miras a favorecer su evolución de acuerdo con las circunstancias normativas, las necesidades institucionales y, más importante aún, las necesidades sociales. A tal fin, la reformada Ley de Carrera Judicial del Poder Judicial de la Federación, en su Sección Tercera (denominada «Evaluación del Desempeño»), estipula:

> Artículo 34. Definición. La evaluación del desempeño implica el establecimiento de métodos para valorar el cumplimiento cualitativo y cuantitativo, de manera individual y, en su caso, colectiva, de las funciones y objetivos asignados a las y los miembros de la Carrera Judicial, contribuyendo a fortalecer la eficiencia, eficacia y calidad de la administración de justicia.
>
> Artículo 35. Fines. A través de la evaluación del desempeño se podrá apreciar el rendimiento de cada servidor público o servidora pública de la Carrera Judicial evaluado y evaluada dentro del marco de su categoría y actividades concretas, así como detectar las necesidades de capacitación o recomendar la incorporación de mejores prácticas para optimizar la impartición de justicia.

> Artículo 36. Evaluación del desempeño. En Consejo, a través de acuerdos generales, establecerá los criterios y mecanismos de evaluación de la eficacia y eficiencia del ejercicio de las funciones jurisdiccionales, en función de cada categoría de la Carrera Judicial, determinando a su vez los alcances y efectos de los resultados de la evaluación. De igual forma, establecerá el periodo de aplicación, los sujetos a evaluar, así como las instancias y órganos encargados de la evaluación y el seguimiento de los resultados.
>
> Artículo 37. Resultados. Los resultados de la evaluación serán la base para la obtención de estímulos y reconocimientos, así como para la toma de decisiones en materia de permanencia y, en su caso, separación de la Carrera Judicial.

Las previsiones legales arriba reproducidas establecen el marco de acción que debe replicarse en los diferentes poderes judiciales locales, y para ello nuestro Poder Judicial ha arropado positivamente diferentes evaluaciones del desempeño. No obstante, hay una necesidad que aún no ha sido considerada: la evaluación del desempeño judicial para el proceso de *ratificación* de juzgadores. En este aspecto, y en referencia al contexto internacional, la Oficina de las Naciones Unidas contra la Droga y el Delito (UNODC), ha señalado que:

> [en los] últimos 30 años, se ha aplicado un número cada vez mayor de políticas para evaluar el desempeño de los tribunales desde el punto de vista de la administración. La evaluación de ese desempeño, que tiene en cuenta valores como la eficiencia, la productividad, la puntualidad, e indicadores como los costos por causa y el tiempo transcurrido hasta la terminación del proceso, y los sistemas de apoyo de la gestión por objetivos, ha ido ganando cada vez más popularidad. (UNODC, 2021: 115).

En este marco, los sistemas de justicia son «una mezcla de operaciones judiciales y administrativas, la evaluación del desempeño debe realizarse no solo mediante métodos jurídicos y de gestión, sino también mediante la creación de canales para escuchar a los usuarios de los tribunales y, de manera más general, las expectativas de la población» (*Idem*).

Asimismo, el «desempeño se suele interpretar como la diferencia entre un objetivo (o una norma) y el resultado alcanzado efectivamente por una persona (juez, secretario, administrador del tribunal), una organización (un tribunal) o por el sistema de justicia en su conjunto» (*Idem*).

Con respecto a esto, la Oficina de las Naciones Unidas contra la Droga y el Delito ha señalado que «los sistemas de evaluación del desempeño, la inspección y la auditoría pueden producir efectos en la independencia del poder judicial» (*Ibidem:* 116)

En este contexto, el Plan de Desarrollo Estratégico 2020-2025 del Poder Judicial del Estado de México incorpora igualmente ideales, estrategias, líneas y acciones específicas para desarrollar los procesos de capacitación y evaluación, destacando en particular la intención de implementar una visitaduría, un sistema de evaluación del desempeño y estudios de percepción de calidad. Asimismo, «subraya la relación de la capacitación con la selección, promoción y hasta ratificación, pues identifica que en estos procesos deberán evaluarse los méritos, experiencias, conocimientos y habilidades personales» (México Evalúa, 2021: 16).

En este rubro, el artículo 182 de la nueva Ley Orgánica del Poder Judicial del Estado de México prevé la creación de la Coordinación General de Evaluación, concebida como el área que elabora los criterios y aplica los procesos de evaluación para la totalidad de los servidores públicos.

Considerando lo expuesto, resulta muy relevante identificar las previsiones sobre la innovación y el cumplimiento que la Nueva Ley Federal de Carrera Judicial asigna Poder

Judicial del Estado de México, toda vez que contribuye a consolidar las nuevas exigencias de la carrera judicial. Sin embargo, no debe perderse de vista que, a los efectos la presente investigación y de los diversos procesos que conforman la carrera judicial, se abordarán diversas propuestas para la ratificación.

1.1. LA EVALUACIÓN EN LOS SISTEMAS DE JUSTICIA

La evaluación puede definirse como una actividad que «conlleva la valoración sistemática del diseño, implementación y resultados de una intervención» (Hernández, 2007: 14). No obstante, el desarrollo de metodologías y herramientas para valorar múltiples dimensiones de programas y políticas ha recibido una atención creciente en el campo de las ciencias sociales durante las últimas décadas. Sin embargo, en determinadas materias —entre ellas, la justicia—, la exploración sobre el modo en que la evaluación puede contribuir a mejorar estos procesos ha sido todavía escasa.

Parece necesario subrayar que en el país hay una percepción generalizada de que el funcionamiento del sistema de justicia es deficiente. Sin embargo, es necesaria una evidencia más específica sobre los aspectos que funcionan y los que son mejorables, así como sobre los ajustes requeridos. De lo contrario, podría correrse el riesgo de implementar cambios cuyo efecto no sea claro mediante mecanismos sobre los que tampoco exista evidencia de su efectividad.

Así, el Instituto Belisario Domínguez ha señalado que, ante la «reforma al sistema de impartición de justicia, desde el año 2008, pasando por la reforma del año 2011 en materia de derechos humanos y transitando por la reforma a la Ley Federal de Carrera Judicial del año 2021, se hace necesario tener los instrumentos de monitoreo y evaluación que acompañen su implementación» (IBD, 2020: 1).

En este sentido, para autores como Robert Picciotto, quien se desempeñó durante una década como director general de Evaluación del Banco Mundial, «la evaluación está orientada a generar evidencia a través de métodos válidos y justos sobre una política o un programa» (Hernández, 2007: 14).

> Sobre este aspecto, existen distintos objetivos de la evaluación que determinan la utilidad de esta actividad en la esfera pública. Algunos de ellos han sido sucintamente identificados por Gris Legorreta en estos términos:
>
> — Como una herramienta dirigida a identificar el valor o mérito de una política;
>
> — Como un mecanismo para obtener información confiable que pueda utilizarse en la toma de decisiones;
>
> — Como un instrumento para observar los efectos de una intervención pública; y
>
> — Como una revisión del logro de las metas planteadas por los programas públicos (IBD, 2020: 1).

Cabe aclarar que un elemento central de la evaluación consiste en la identificación de su objetivo y, por ende, del conjunto de criterios que guiarán el análisis, dado que son precisamente estos criterios los que determinan el enfoque y las características de la futura evaluación.

En la literatura existen distintas discusiones sobre los elementos de los sistemas de justicia que deben guiar la evaluación. Al respecto, en 2002 José Juan Toharia Cortés enfocó su atención en aspectos como la eficiencia y la legitimidad. En este sentido, sostuvo que «el desempeño de quienes están involucrados en el sistema de justicia es medido en función de estos criterios. No obstante, existen otros autores que valoran la justicia en términos de calidad» (IBD, 2020:

3) Igualmente, desde la «sociedad civil, por ejemplo, el énfasis se ha centrado en valorar el acceso efectivo a la justicia» (*Idem*).

> Dependiendo del criterio que se adopte, el enfoque de la evaluación puede centrarse en cuatro dimensiones de la justicia, a saber, en el acceso, la eficiencia, la calidad y la legitimidad:
>
> a) Acceso: El grado de rapidez y diligencia en la tramitación de los asuntos, es decir, su eficacia y
>
> b) Eficiencia: La medición de la eficiencia dentro del ámbito de un sistema de justicia puede conceptualizarse a partir de distintas variables. Por ejemplo, esta dimensión puede medirse a partir de dos criterios principales:
>
> El grado de efectividad real, a efectos prácticos, de la sentencia emitida, es decir, del grado en que las decisiones judiciales logran ser adecuada y puntualmente ejecutadas *(Idem)*

Desde esta óptica, los factores involucrados en este proceso —entre otros, el personal implicado, su nivel de profesionalización y la distribución de las tareas— tendrán un efecto observable en la eficiencia.

1.2. LA EXIGENCIA LEGAL DE LA EVALUACIÓN JUDICIAL EN MÉXICO

De acuerdo con una revisión normativa realizada hasta el mes de septiembre de 2022, Querétaro y el Estado de México son los únicos estados que han emitido una regulación sobre la carrera judicial, la capacitación y la evaluación de los jueces. En este sentido, en 2018 Querétaro reformó su Reglamento de Carrera Judicial, mientras que el Estado de México cuenta con una reglamentación relacionada con los procesos de evaluación y con los exámenes o concursos de oposición que consta de las siguientes normas: la Ley Orgánica del Poder Judicial del Estado de México (LOPJEM), publicada el 6 de octubre de 2023 (Título Décimo Segundo, Capítulos primero y segundo, artículos 171 al 182); el Reglamento de la Escuela Judicial del Estado de México (Título Segundo, «De los Programas»); el Capítulo II del Programa de Formación y Capacitación Judicial, Sección Primera («Subprograma de Carrera Judicial», artículos 35 y 36); y el Título Sexto de los cursos de formación y concursos de oposición, Capítulo Primero («De los Cursos de Formación»).

En contraste, el resto de los poderes judiciales locales aún no cuentan con una ley dedicada exclusivamente a regular la carrera judicial, y mucho menos con un área específica para llevar a cabo evaluaciones de desempeño laboral o judicial, circunstancia tiene su origen en el hecho de que en la República Mexican, muchos poderes judiciales locales carecen de una escuela judicial a la que destinarían esas relevantes actividades de formación y evaluación.

A continuación, se muestra un cuadro resumen que sintetiza cuáles son los organismos o las áreas encargadas de la carrera judicial en cada entidad federativa. El cuadro pone en evidencia que no existe una homologación real de estos órganos órganos, a pesar de lo que estipula la Ley de Carrera Judicial Federal, reformada en el año 2021, lo que permite aventurar la complejidad de un eventual proceso de uniformización orientado a fortalecer la carrera judicial a nivel nacional.

ESTADO DE AGUASCALIENTES

INSTITUTO DE CAPACITACIÓN	FUNDAMENTACIÓN
Artículo 98. El Instituto de Capacitación del Poder Judicial del Estado tendrá las siguientes funciones: I. La actualización profesional de los miembros del Poder Judicial del Estado, mediante clínicas procesales; II. La capacitación de los aspirantes a ingresar al Poder Judicial del Estado; y III. Las demás que le confieran las Leyes y Reglamentos. El Instituto de Capacitación del Poder Judicial del Estado de Aguascalientes es un órgano auxiliar del Consejo de la Judicatura Estatal que tiene entre sus funciones la formación, actualización y especialización de las y los integrantes del Poder Judicial del Estado, al ser la educación un elemento indispensables de la carrera judicial, la cual, conforme a lo consagrado por el artículo 100 de la Constitución Política de los Estados Unidos Mexicanos, se rige por los principios de excelencia, objetividad, imparcialidad, profesionalismo e independencia. La estructura del Instituto de Capacitación está conformada por la Dirección, cuatro Coordinaciones (Pedagógica, Jurídica, de Capacitación y Editorial) y personal administrativo. Tiene a su cargo la realización de los programas de capacitación dirigidos al personal judicial, así como a las y los integrantes de Barras y Asociaciones de Abogadas/os e interesadas/os en el campo jurídico; la realización de Clínicas	Artículo 98 de la Ley Orgánica del Poder Judicial del Estado de Aguascalientes. (Adicionado, P.O. 2 de abril de 1995). Publicado el 9 de marzo de 2020.

INSTITUTO DE CAPACITACIÓN	FUNDAMENTACIÓN
Procesales que conducen las y los magistrados de las Salas Civil y Penal del H. Supremo Tribunal de Justicia, con la participación de las y los jueces, para la unificación de criterios en materia civil, mercantil, familiar y penal, incluidas las materias de ejecución y justicia para adolescentes. Asimismo, tiene a su cargo la elaboración de publicaciones que contribuyan a la difusión de la cultura jurídica, y de materiales de actualidad, que resulten de interés para las y los operadores del Derecho. El Instituto de Capacitación facilita el acceso de las y los funcionarios judiciales a cursos, pláticas, conferencias, y cualquier evento que tienda a la actualización, capacitación y profesionalización, dado que adquirir los saberes y las técnicas que favorezcan el mejor cumplimiento de sus funciones para brindar a la población un adecuado servicio de administración de justicia es un derecho y una obligación. Dentro de nuestra normatividad, se encuentra el Acuerdo General que Establece los Criterios Mínimos de Capacitación para el Personal de Carrera Judicial de Poder Judicial del Estado de Aguascalientes.	
MISIÓN Formar, capacitar y actualizar permanentemente a las y los integrantes del Poder Judicial del Estado, así como a quienes aspiran a ser parte de este y seguir la carrera judicial favoreciendo el desarrollo de competencias mediante la realización de programas académicos	

INSTITUTO DE CAPACITACIÓN	FUNDAMENTACIÓN
de excelencia en materia jurídica y de desarrollo humano para lograr la profesionalización integral de la función jurisdiccional y administrativa y contribuir, además, a la difusión de la cultura jurídica. **VISIÓN** Ser una institución con un cuerpo académico y administrativo de primer nivel, que brinde educación judicial oportuna y de calidad, basada en principios éticos, que contribuya al desarrollo del potencial de las y los servidores/as públicos/as judicial, a la mejora continua del servicio de administración de justicia y al fortalecimiento del Poder Judicial del Estado.	

ESTADO DE BAJA CALIFORNIA

INSTITUTO DE LA JUDICATURA	FUNDAMENTACIÓN
Artículo 176. El Instituto de la Judicatura es la unidad administrativa del Consejo de la Judicatura del Estado en materia de investigación, formación, capacitación y actualización de los miembros del Poder Judicial del Estado y de quienes aspiren a pertenecer a éste. El funcionamiento y atribuciones del Instituto de la Judicatura se regirán por las normas que determine el Consejo de la Judicatura del Estado en el reglamento respectivo. El Instituto de la Judicatura podrá coordinarse con las universidades tanto locales como del país para que éstas lo auxilien en la realización de las tareas señaladas en el párrafo anterior.	Artículos 176 y 177 de la Ley Orgánica del Poder Judicial del Estado de Baja California Norte.

INSTITUTO DE LA JUDICATURA	FUNDAMENTACIÓN
Artículo 177. El Instituto de la Judicatura contará con un director y el personal necesario para el desempeño de la función.	

ESTADO DE BAJA CALIFORNIA SUR

INSTITUTO DE ESTUDIOS JUDICIALES	FUNDAMENTACIÓN
Artículo 100. El Poder Judicial tendrá un Instituto de Estudios Judiciales cuyo titular será un director, quien deberá reunir los mismos requisitos que establece el artículo 33 de esta ley; con excepción de lo señalado en la fracción II, ya que deberá acreditar, cuando menos, cinco años de ejercicio profesional. Contará con el personal docente, técnico-administrativo que determine el presupuesto. **Artículo 101.** Las funciones del Instituto serán las de capacitar, actualizar y especializar al personal que deba de prestar sus servicios en el Poder Judicial, mejorar las aptitudes del que esté laborando y especializar a los Servidores Públicos que desean ocupar puestos superiores en las distintas ramas de la Administración de Justicia, así como la de apoyar la investigación jurídica **Artículo 102.** Son funciones y responsabilidades del director del Instituto: I. Formular anualmente para ser sometido a la aprobación del Pleno, el programa de actividades; II. Cuidar que el programa del Instituto de Estudios Judiciales se elabore con apego a las necesidades del Poder Judicial.	Artículos 100, 101 y 102 de la Ley Orgánica del Poder Judicial del Estado de Baja California Sur Última Reforma 20-Oct-2014 *Boletín Oficial* Número 48.

ESTADO DE CAMPECHE

CENTRO DE CAPACITACIÓN Y ACTUALIZACIÓN	FUNDAMENTACIÓN
Artículo 147. La Comisión de Carrera Judicial velará para que el ingreso y promoción de los servidores públicos de carácter jurisdiccional del Poder Judicial del Estado se efectúen mediante el sistema de la carrera judicial, que se regirá por los principios de excelencia, profesionalismo, objetividad, imparcialidad, independencia y antigüedad, en su caso. **Artículo 179.** Para su adecuado funcionamiento, el Consejo de la Judicatura Local contará con los siguientes órganos: a) La Escuela Judicial del Estado de Campeche; b) El Centro de Capacitación y Actualización del Poder Judicial del Estado; c) La Visitaduría Judicial; y d) La Contraloría del Poder Judicial del Estado. Centro de capacitación y actualización del poder judicial del estado. **Artículo 187.** El Centro de Capacitación y Actualización del Poder Judicial del Estado, es el órgano auxiliar del Consejo de la Judicatura Local en materia de investigación científica del derecho, formación, capacitación, actualización y difusión de la cultura jurídica, de los miembros del Poder Judicial del Estado y de quienes aspiren a pertenecer a este. El funcionamiento y atribuciones del Centro de Capacitación se regirán por esta ley, su propio reglamento y los acuerdos generales del Pleno que le sean aplicables.	Artículos 147, 179 y 187 de la Ley Orgánica del Poder Judicial del Estado de Campeche Publicada el 10 agosto 2018.

ESTADO DE CHIAPAS

INSTITUTO DE ESTUDIOS JUDICIALES	FUNDAMENTACIÓN
Artículo 99. El Instituto de Estudios Judiciales, tiene como objetivo la formación y actualización de los miembros del Poder Judicial y de quienes aspiren a ingresar a éste; así como la investigación metodológica para la realización de proyectos ejecutivos en materia de administración de justicia, encaminados a la conformación de iniciativas de reformas en la materia. **Artículo 102.** El Instituto de Estudios Judiciales llevará a cabo cursos continuos de preparación para los exámenes correspondientes a las distintas categorías, que componen la Carrera Judicial, debiendo emitir la convocatoria por lo menos con treinta días naturales de anticipación, misma que deberá ser publicada en el periódico oficial del gobierno del estado y en uno de los diarios de mayor circulación en la entidad, pudiendo hacer su difusión por otros medios de comunicación.	Artículos 99, 102 de la Ley Orgánica del Poder Judicial del Estado de Chiapas. *Secretaría de Gobierno Dirección de Asuntos Jurídicos Departamento de Gobernación Decreto Número 247.

ESTADO DE CHIHUAHUA

CENTRO DE FORMACIÓN Y ACTUALIZACIÓN JUDICIAL	FUNDAMENTACIÓN
Capítulo adicionado mediante Decreto No. 611 Bis-06 II P.O. Publicado en el P.O.E. No. 63 del 9 de agosto de 2006. **Artículo 145.** El Centro de Formación y Actualización Judicial tiene por ob-	Artículo 145 de la Ley Orgánica del Poder Judicial del Estado de Chihuahua.

CENTRO DE FORMACIÓN Y ACTUALIZACIÓN JUDICIAL	FUNDAMENTACIÓN
jeto la capacitación, formación, actualización y profesionalización de los funcionarios y empleados del Poder Judicial de la Entidad, que dependerá del pleno del Supremo Tribunal de Justicia. I. Diseñar los planes y programas interdisciplinarios de profesionalización, capacitación, especialización y actualización del personal judicial.	

ESTADO DE COAHUILA DE ZARAGOZA

INSTITUTO DE ESPECIALIZACIÓN JUDICIAL	FUNDAMENTACIÓN
Artículo 141. Se crea el Instituto de Especialización Judicial con el propósito de preparar y capacitar al personal del Poder Judicial del Estado y a quienes deseen ingresar a la carrera judicial. (Reformado N. de E. Adicionado, P.O. 5 DE diciembre de 1997) Cuando se valoren los méritos para acceder a un cargo dentro del Poder Judicial, en condiciones iguales o análogas, se dará preferencia a quién haya cursado y aprobado en el Instituto disciplinas relacionadas con el escalafón o con la materia del cargo que corresponda. A menos que quien no lo haya hecho acredite haber aprobado otras análogas, o cursado un grado académico superior al de Licenciado en Derecho, relacionado con la materia del cargo al que pretende acceder. (Reformado, P.O. 16 de noviembre de 2001).	Artículos 141, 142 de la Ley Orgánica del Poder Judicial del Estado de Coahuila de Zaragoza. Última Reforma publicada en el *Periódico Oficial*, 11 de diciembre de 2020.

INSTITUTO DE ESPECIALIZACIÓN JUDICIAL	FUNDAMENTACIÓN
Artículo 142. La Dirección del Instituto de Especialización Judicial, estará a cargo de la persona que designe Consejo de la Judicatura. (Reformado, P.O. 11 de agosto de 2017) El Instituto tendrá un Consejo Académico, integrado por el presidente del Tribunal Superior de Justicia, quien lo presidirá, un magistrado de cada Sala del Tribunal, un magistrado del Tribunal Electoral, un magistrado del Tribunal de Conciliación y Arbitraje, el magistrado del Tribunal de Apelación Especializado en materia de Adolescentes, el magistrado del Tribunal Distrital del Primer Distrito, un juez de Primera Instancia de cada materia de la Capital del Estado y un juez letrado del Distrito Judicial de Saltillo.	

ESTADO DE COLIMA

CENTRO DE ESTUDIOS JUDICIALES	FUNDAMENTACIÓN
Artículo 164. El Supremo Tribunal de Justicia contará con un Centro de Estudios Judiciales, el cual tendrá como objetivos generales la actualización y superación profesional permanente del personal judicial y la capacitación de quienes aspiren a incorporarse al servicio de la administración de justicia **Artículo 165.** El Centro de Estudios Judiciales funcionará como lo determine el reglamento que al efecto expida el Supremo Tribunal de Justicia y contará	Artículos 164, 165, 178, 179 y 180 de la Ley Orgánica del Poder Judicial Estado de Colima. Última Reforma Decreto 133, P.O. del 22 de noviembre 2016.

CENTRO DE ESTUDIOS JUDICIALES	FUNDAMENTACIÓN
con el personal docente y administrativo necesario para la ejecución de sus propios programas. **LA CARRERA JUDICIAL** **Artículo 178**. Sistema de Carrera Judicial Corresponde al sistema de carrera judicial, el ingreso, promoción y permanencia de las personas que aspiren a ocupar u ostenten un cargo público en los órganos jurisdiccionales del Poder Judicial del Estado. **Artículo 179**. Principios de la Carrera Judicial El sistema de carrera judicial se regirá por los principios de excelencia, profesionalización, imparcialidad, objetividad, equidad, independencia y antigüedad, y funcionará con base en criterios de igualdad de oportunidades, méritos y capacidades. **Artículo 180**. Nombramientos de la Carrera Judicial. Los nombramientos de los jueces y demás categorías de la carrera judicial serán hechos preferentemente entre aquellas personas que hayan prestado sus servicios con eficiencia y probidad en la Administración de Justicia o que lo merezcan por su honorabilidad, competencia y antecedentes en otras ramas de la profesión jurídica. En todo caso, unos y otros deberán sustentar y aprobar los exámenes de oposición correspondientes.	

CIUDAD DE MÉXICO

INSTITUTO DE ESTUDIOS JUDICIALES	FUNDAMENTACIÓN
Artículo 272. El Instituto de Estudios Judiciales es un órgano desconcentrado del Consejo de la Judicatura que tiene como objetivo coadyuvar con el fortalecimiento del servicio de impartición de justicia del Tribunal Superior de Justicia, mediante la formación de los servidores públicos jurisdiccionales y de apoyo judicial desarrollando las competencias necesarias para llevar a cabo el buen desarrollo de sus atribuciones, así como a través de la implementación de procesos de selección, ratificación y evaluación de los cargos de la Carrera Judicial. El Instituto tendrá una persona titular de la Dirección General que deberá reunir los requisitos establecidos en el artículo 22 de esta Ley, a excepción de su fracción VI; además, contará con el personal necesario para el cumplimiento de sus objetivos. Las y los jueces y las y los magistrados que así lo soliciten, se podrán incorporar al cuerpo docente del Instituto. El funcionamiento y atribuciones del Instituto de Estudios Judiciales se regirán por el acuerdo respectivo, que expedirá el Consejo de la Judicatura. **Artículo 273.** El Instituto contará con un Consejo Académico integrado por cinco miembros: tres que se hayan desempeñado como juzgadores o titulares de una Magistratura y los dos restantes serán académicos con experiencia docente universitaria de cuando menos	Artículos 272 y 273 de la Ley Orgánica del Poder Judicial de la Ciudad de México. Ley publicada en el Tomo, I al Número 314 de la *Gaceta Oficial de la Ciudad de México* el viernes 4 de mayo de 2018.

INSTITUTO DE ESTUDIOS JUDICIALES	FUNDAMENTACIÓN
cinco años en las materias de las cuales conoce el Tribunal Superior de Justicia. El Consejo tendrá a su cargo elaborar los programas de investigación, preparación y capacitación para los alumnos del Instituto, mecanismos de evaluación y rendimiento, que deberá someter a la aprobación del Consejo de la Judicatura.	

ESTADO DE DURANGO

UNIVERSIDAD JUDICIAL	FUNDAMENTACIÓN
Artículo 98. La Universidad Judicial es la institución de estudios superiores especializados del Poder Judicial del Estado de Durango, con autonomía técnica y operativa, cuyas atribuciones se regirán por esta ley, el Reglamento, las normas y los acuerdos que expida el Consejo de la Judicatura. La Universidad Judicial tiene como misión, formar, profesionalizar, capacitar y actualizar a los servidores públicos del Poder Judicial y a quienes aspiran a pertenecer a este. Su visión es lograr el desarrollo humano y el perfeccionamiento en el campo del derecho y de la impartición de justicia. La Universidad Judicial contará con los siguientes órganos: I. La Rectoría; II. El Consejo Académico; III. La Secretaría Académica; IV. La Secretaría Administrativa; y V. El Instituto de Investigaciones Jurisdiccionales.	Artículos 98 y 103 de la Ley Orgánica del Poder Judicial de Durango. Fecha de última reforma: Decreto 421 P. O. 92 bis del 15 de noviembre de 2020.

UNIVERSIDAD JUDICIAL	FUNDAMENTACIÓN
Artículo 103. La Universidad Judicial contará un centro de información dependiente de la Secretaría Administrativa que tendrá por finalidad, proporcionar el servicio de consulta en los términos del reglamento respectivo; para lo cual, realizará acciones de adquisición, preservación, acopio y difusión de sus acervos bibliográfico, video gráfico, fotográfico y digital.	

Cabe señalar que esta universidad es la única del país que cuenta con esa nomenclatura y que, por tanto, rompe con el paradigma de escuela o instituto que albergan los poderes judiciales en el país.

ESTADO DE MÉXICO

ESCUELA JUDICIAL	FUNDAMENTACIÓN
Escuela Judicial del Estado de México **Artículo 158.** La Escuela Judicial es un órgano desconcentrado del Consejo de la Judicatura que tiene por objeto la capacitación, formación, actualización y profesionalización de las y los servidores públicos del Poder Judicial, así como la investigación, preservación, transmisión y difusión del conocimiento de todos aquellos preceptos y actuaciones que conforman la estructura doctrinaria, teórica y práctica de la función jurisdiccional. **Artículo 159.** La Escuela Judicial tendrá las siguientes atribuciones:	

ESCUELA JUDICIAL	FUNDAMENTACIÓN
I. Establecer programas específicos de capacitación, formación, actualización y profesionalización de las y los servidores públicos del Poder Judicial; II. Establecer programas de capacitación y formación profesional orientados a la constitución de claustros docentes especializados en materia de impartición de justicia; **Instrumentar procedimientos eficientes y oportunos para el fortalecimiento de la promoción, selección, formación y evaluación de la Carrera Judicial**, así como los orientados a la ampliación de sus categorías tradicionales, de acuerdo con los rangos de especialización que requiera la impartición de justicia.	Artículo 158 y 159 de la Ley Orgánica del Poder Judicial del Estado de México. Publicada en el periódico oficial *Gaceta de Gobierno* 6 de octubre de 2022.

Para la presente investigación queda claro que el párrafo tercero del artículo 158 de la nueva Ley Orgánica del Poder Judicial del Estado de México suministra la pauta para aplicar o instrumentar procedimientos eficientes orientados al fortalecimiento de la carrera judicial en todos sus procesos o etapas, incluyendo la evaluación de sus servidores públicos judiciales. Sin duda, la opción por la aplicación del Modelo de Evaluación del Desempeño Judicial de juzgadores y juzgadoras para su ratificación incidirá notablemente en cumplimiento de lo dispuesto en esta fracción.

ESTADO DE GUERRERO

INSTITUTO PARA EL MEJORAMIENTO JUDICIAL	FUNDAMENTACIÓN
Artículo 90. El Instituto para el Mejoramiento Judicial es un órgano de auxilio y apoyo técnico del Consejo de la Judicatura Estatal, tendrá las siguientes atribuciones: I. Coordinar los trabajos relativos al nombramiento de servidores públicos del Poder Judicial; II. Llevar a cabo la formación, capacitación, actualización, especialización y certificación de los servidores públicos judiciales y de quienes aspiren a serlo, así como diseñar y ejecutar los programas académicos de educación superior especializada y de investigación científica básica y aplicada necesarios para el desarrollo y mejoramiento de las funciones sustantivas del Poder Judicial del Estado, contando para ello con las unidades académicas y administrativas que se requieran; III. Realizar estudios para la organización y funcionamiento eficaz del Poder Judicial; IV. Formular proyectos de reformas a la Ley Orgánica del Poder Judicial del Estado, Reglamentos y demás Leyes que éste aplique; V. Actuar como Auxiliar Técnico del Consejo de la Judicatura Estatal, en la investigación de las irregularidades en que incurran los servidores públicos del Poder Judicial, así como en la aplicación de la Ley	Artículo 90 de la Ley Orgánica del Poder Judicial del Estado de Guerrero.

INSTITUTO PARA EL MEJORAMIENTO JUDICIAL	FUNDAMENTACIÓN
de Responsabilidades de los Servidores Públicos; VI. Coordinar con las Instituciones Académicas y Agrupaciones Profesionales las actividades tendientes a eficientar y actualizar a los servidores públicos del Poder Judicial; VII. Llevar a cabo los eventos académicos necesarios para la superación y desarrollo profesional de los servidores públicos del Poder Judicial; VIII. Realizar investigaciones sobre la Legislación del Estado y su aplicación; IX. Auxiliar en la elaboración de formatos de acuerdos, sentencias y demás actuaciones, en apoyo de las Salas y Juzgados; X. Editar las obras de difusión del Poder Judicial; XI. Actualizar las bibliotecas del Poder Judicial del Estado; y XII. Las demás que le señale esta Ley y el Reglamento Interior del Instituto para el Mejoramiento Judicial. (Reformada, P.O. 19 de julio de 2011).	

ESTADO DE GUANAJUATO

ESCUELA DE ESTUDIOS DE INVESTIGACIÓN JUDICIAL	FUNDAMENTACIÓN
Artículo 177. Es un órgano especializado de investigación y educación superior, dependerá directamente del Consejo del Poder Judicial y gozará	Artículos 177 y 178 de la Ley Orgánica del Poder Judicial del Estado de Guanajuato.

ESCUELA DE ESTUDIOS DE INVESTIGACIÓN JUDICIAL	FUNDAMENTACIÓN
de autonomía técnica para definir los contenidos académicos. Su objeto será la capacitación, actualización, especialización y profesionalización de los miembros del Poder Judicial, de quienes aspiren a formar parte del mismo o realicen actividades relacionadas con los servicios judiciales. El Consejo del Poder Judicial, en su caso, aprobará las cuotas, aranceles, ingresos y becas que correspondan por los programas, servicios y actividades académicas a cargo de la Escuela de Estudios e Investigación Judicial. El funcionamiento de la Escuela de Estudios e Investigación Judicial se contendrán en el reglamento que expida el Consejo del Poder Judicial. **Artículo 178.** La Escuela de Estudios e Investigación Judicial contará con un director designado por el Consejo del Poder Judicial; tendrá las unidades académicas y administrativas autorizadas por el Consejo del Poder Judicial, de acuerdo con su reglamento.	Última Reforma: P.O. Núm. 255, Segunda Parte, 22 de diciembre de 2020.

ESTADO DE HIDALGO

INSTITUTO DE PROFESIONALIZACIÓN E INVESTIGACIONES JURÍDICAS	FUNDAMENTACIÓN
Artículo 140. El Instituto de Profesionalización e Investigaciones Jurídicas es el órgano auxiliar del Consejo de la Judicatura en materia de profesionalización, capacitación, formación,	

INSTITUTO DE PROFESIONALIZACIÓN E INVESTIGACIONES JURÍDICAS	FUNDAMENTACIÓN
actualización, especialización y desarrollo de programas de investigación jurídica, evaluación de los servidores públicos y participación de quienes aspiren a serlo. Para la consecución de tales fines funcionará un Comité Académico en términos del reglamento correspondiente. **Artículo 141.** El Instituto de Profesionalización e Investigaciones Jurídicas estará a cargo de un director o directora, quien será nombrado y removido por el presidente o presidenta del Consejo de la Judicatura y deberá de tener como mínimo estudios de Maestría, cumpliendo con los requisitos del artículo 51 con excepción de las fracciones IV y VI del mismo numeral. **Artículo 142.** Corresponde al director o directora del Instituto de Profesionalización e Investigaciones Jurídicas: I. Representar administrativamente al Instituto; II. Dirigir, planear, diseñar, organizar, coordinar y evaluar el desarrollo de los programas a cargo del Instituto.	Artículos 140, 141 y 142 de la Ley Orgánica del Poder Judicial del Estado de Hidalgo, publicada en el Alcance del *Periódico Oficial* el lunes 10 de noviembre de 2014.

ESTADO DE JALISCO

ESCUELA JUDICIAL DEL TRIBUNAL SUPERIOR DE JUSTICIA DEL ESTADO DE JALISCO	FUNDAMENTACIÓN
CAPÍTULO XXIII DE LA DIRECCIÓN DE CAPACITACIÓN, INVESTIGACIÓN Y DIFUSIÓN. Artículo 175. Son obligaciones y atribuciones para el director: I. Formular anualmente, para ser sometido a la aprobación del Pleno del Supremo Tribunal de Justicia, el programa a desarrollar; II. Cuidar que el programa de actualización judicial se elabore con apego a las necesidades del Poder Judicial; III. Establecer y mantener comunicación permanente con otras dependencias, Instituciones Educativas y Centros de Investigación con el propósito de lograr el mejoramiento académico y práctico de los cursos que se imparten; IV. Realizar los análisis y pruebas que permitan una adecuada selección y contratación de personal en el área judicial.	Normativamente no se menciona la figura de la Escuela Judicial; sino de la Dirección de Capacitación, Investigación y Difusión. Artículo 175 de la Ley Orgánica del Poder Judicial del Estado de Jalisco del 8 de febrero del año 1995.

ESTADO DE MICHOACÁN

INSTITUTO DE LA JUDICATURA	FUNDAMENTACIÓN
Artículo 96. La Comisión está encargada de la administración y desarrollo de la carrera judicial, así como de la capacitación, formación, actualización y especialización del personal judicial, a través del Instituto de la Judicatura, además de las que le encomiende el	

INSTITUTO DE LA JUDICATURA	FUNDAMENTACIÓN
Consejo, la ley y el reglamento respectivo. La Comisión tendrá bajo su cargo la investigación, el acervo bibliográfico, el archivo histórico y las tareas editoriales del Poder Judicial, auxiliada por el Instituto de la Judicatura. **Artículo 105**. El Instituto de la Judicatura como auxiliar de la Comisión de Carrera Judicial, estará a cargo de un director nombrado por el Consejo y tendrá como atribuciones las siguientes: I. Capacitar, especializar, actualizar y formar a los servidores públicos del Poder Judicial; II. Compilar, sistematizar y publicar la jurisprudencia; III. Realizar investigación y capacitar sobre temas jurídicos relacionados con la función jurisdiccional, derecho positivo, doctrina y jurisprudencia; IV. Reforzar el conocimiento práctico de los procesos jurisdiccionales, desarrollando habilidades y técnicas de análisis, argumentación e interpretación que permitan mejorar la actuación jurisdiccional; V. Convocar a congresos, cursos, diplomados, seminarios, para los servidores públicos y público en general; VI. Proponer la firma de convenios con instituciones docentes, de investigación y capacitación, para pro yectos conjuntos; VII. Editar, publicar y difundir la actividad de desarrollo e investigación jurídica del Poder Judicial; VIII. La conservación del acervo bibliográfico y del archivo histórico; y, IX. Las demás que el Consejo, la Comisión y el reglamento le señalen.	Artículos 96 y 105 de la Ley Orgánica del Poder Judicial del Estado de Michoacán. En cumplimiento a lo dispuesto por el artículo 60 fracción I y 65 de la Constitución Política del Estado Libre y Soberano de Michoacán de Ocampo, para su debida publicación y observancia, se promulga el presente Decreto, en la residencia del Poder Ejecutivo, en la ciudad de Morelia, Michoacán, a los veinte días del mes de noviembre del año 2014.

ESTADO DE MORELOS

ESCUELA JUDICIAL	FUNDAMENTACIÓN
Artículo 145. La Presidencia de la Junta de Administración, Vigilancia y Disciplina tendrá bajo su dependencia a la Escuela Judicial, cuyas funciones serán las de adiestrar y preparar al personal que deba prestar sus servicios en el Poder Judicial, mejorar la capacidad del que esté laborando y especializar a los servidores públicos en las distintas ramas de la administración de justicia. **Artículo 146.** En la Escuela Judicial se publicará una revista jurídica periódica, la que tendrá como finalidad ser órgano de difusión jurídica, legislativa, académica y jurisprudencial. **Artículo 147.** La Escuela Judicial tomará las medidas necesarias y vigilará que la revista tenga la difusión debida y oportuna entre las autoridades, instituciones y público en general a los que interese su contenido, debiendo publicarse en el portal de internet del Poder Judicial del Estado de Morelos. **LA CARRERA JUDICIAL** **Artículo 35.** La formación de los servidores públicos, así como el desarrollo de la carrera judicial se regirá por los principios de excelencia, objetividad, imparcialidad, profesionalismo e independencia previstos en la Ley Orgánica.	Reformado por artículo primero del Decreto No. 1307, publicado en el *Periódico Oficial* «Tierra y Libertad», No. 5994 de fecha 2021/10/06. Vigencia: 2021/10/07. Antes decía: La Escuela Judicial tomará las medidas necesarias y vigilará que la revista tenga la difusión debida y oportuna entre las autoridades, instituciones y público en general a los que interese su contenido. Artículo 35 Reglamento Interior del Consejo de la Judicatura del Poder Judicial del Estado de Morelos, publicado el diecinueve de agosto del año 2003.

ESTADO DE NAYARIT

ESCUELA JUDICIAL	FUNDAMENTACIÓN
Artículo 7. La Escuela Judicial, es la institución dependiente de la Secretaría de la Carrera Judicial, cuyo objeto será promover la investigación, formación, capacitación, especialización y actualización de los servidores judiciales y los aspirantes a serlo, y se regirá por lo dispuesto en su Reglamento.	Artículo 7 del Reglamento de la Secretaría de la Carrera Judicial del Poder Judicial del Estado de Nayarit. Fecha de publicación: 12 de julio de 2021.

ESTADO DE NUEVO LEÓN

INSTITUTO DE LA JUDICATURA	FUNDAMENTACIÓN
Artículo 10. El director coordinará y ejecutará las directrices y los mandatos de formación, capacitación, especialización, actualización, evaluación de desempeño y demás actividades académicas que le sean indicadas por el Consejo o la Comisión de Carrera Judicial. **Artículo 11.** El director será nombrado y removido libremente por el Consejo, a propuesta de su presidente. **FORMACIÓN JUDICIAL Y CAPACITACIÓN** **Artículo 20.** La Formación Judicial y Capacitación Continua estarán a cargo de un coordinador, quien tendrá las siguientes funciones: I. Dirigir al personal que se encuentre bajo su responsabilidad.	Artículos 10, 11 y 20 del Reglamento de la Carrera Judicial de Nuevo León. Última reforma publicada en el Periódico Oficial del Estado y en el Boletín Judicial del Estado el día 9 de julio de 2021.

ESTADO DE OAXACA

ESCUELA JUDICIAL	FUNDAMENTACIÓN
Artículo 93. La escuela judicial dependerá del Consejo de la Judicatura; tendrá como objeto proporcionar una preparación integral, especializada y de alta calidad en la carrera judicial, así como a los aspirantes a ingresar en ella; investigar, preservar, transmitir y extender el conocimiento de todos aquellos preceptos y actuaciones que conforman la estructura teórica, práctica y doctrinaria de la función jurisdiccional. La escuela judicial estará a cargo de un director, quien será designado y removido por el Consejo de la Judicatura a propuesta de la comisión de carrera judicial del propio Consejo. **Artículo 94**. La escuela judicial contará con el personal que se considere necesario para su adecuado funcionamiento y que permita el presupuesto de egresos. **Artículo 95**. La escuela judicial tendrá como atribuciones: I. Seleccionar, formar, capacitar, actualizar y perfeccionar continuamente a los magistrados, jueces y demás servidores públicos que integren el Poder Judicial, conforme a programas y lineamientos establecidos por el Consejo de la Judicatura, para la eficaz prestación de los servicios de justicia, mediante nuevos instrumentos de gestión y técnicas de trabajo; II. Incentivar una reforma cultural en la administración de justicia que apunte a una gestión de calidad teniendo en cuenta las expectativas de los distintos	

ESCUELA JUDICIAL	FUNDAMENTACIÓN
operadores del derecho y de la sociedad; III. Impartir los conocimientos teóricos y prácticos de aplicación específica en la administración de justicia con la finalidad de lograr la eficacia de la función administrativo-judicial; debiendo incorporar la perspectiva de género y de derechos humanos en todos sus procesos formativos; IV. Promover la conciencia de la responsabilidad ética inherente a la función judicial; incorporar a los programas que se implementen el conocimiento de las técnicas de administración eficiente.	Artículo. 93, 94 y 95 de la Ley Orgánica del Poder Judicial del Estado de Oaxaca. Última Reforma: Decreto número 2425, aprobado por la LXIV Legislatura el 17 de marzo del 2021 y publicado en el *Periódico Oficial* número 20 Octava Sección del 15 de mayo de 2021.

ESTADO DE PUEBLA

INSTITUTO DE ESTUDIOS JUDICIALES	FUNDAMENTACIÓN
Artículo 114. El Instituto de Estudios Judiciales es el órgano encargado de la investigación, formación, capacitación, actualización y carrera judicial de los miembros del Poder Judicial y de quienes aspiren a pertenecer al mismo. Dicho Instituto estará a cargo de un director, quien deberá ser preferentemente licenciado en Derecho. **Artículo 123.** El ingreso y la promoción para acceder a las categorías que integran la carrera judicial estarán a cargo del Instituto de Estudios Judiciales y se realizarán mediante concurso de oposición, en los términos que señale la presente ley y demás disposiciones aplicables.	Artículos 114,123, 124 y 127 de la Ley Orgánica del Poder Judicial de Puebla. Publicado en el *Periódico Oficial del Estado,* el viernes 21 de mayo de 2021.

INSTITUTO DE ESTUDIOS JUDICIALES	FUNDAMENTACIÓN
Artículo 124. La carrera judicial se regirá por los principios de excelencia, profesionalismo, objetividad, imparcialidad, independencia y antigüedad, en su caso. **Artículo 127.** El Consejo de la Judicatura, para la institucionalización de la carrera judicial, establecerá: I. Un estatuto de persona; II. Un sistema de mérito para la selección, promoción, ascenso e inamovilidad de los servidores públicos judiciales.	

ESTADO DE QUERÉTARO

INSTITUTO DE ESPECIALIZACIÓN	FUNDAMENTACIÓN
Artículo 133. El Instituto de Especialización Judicial, es la dependencia auxiliar del Consejo de la Judicatura en materia de formación, actualización, profesionalización y desarrollo de los servidores públicos del Poder Judicial y de quienes aspiren a pertenecer a éste, así como el manejo operativo de la carrera judicial, el fomento y difusión de la cultura jurídica, de los materiales bibliohemerográficos y el archivo histórico del Poder Judicial. El Instituto de Especialización Judicial tendrá a su cargo y vigilancia el Archivo Histórico y la Biblioteca del Poder Judicial. **Artículo 134**. El Instituto también auxiliará al Consejo de la Judicatura respecto a las evaluaciones, admisiones y	Artículos 133, 134, 135 y 139 de la Ley Orgánica del Poder Judicial de Querétaro mayo del año 2016.

INSTITUTO DE ESPECIALIZACIÓN	FUNDAMENTACIÓN
promociones del personal que integra el servicio judicial de carrera. El Consejo de la Judicatura podrá facultar al Instituto para impartir cursos a personas distintas a los servidores públicos del Poder Judicial. **Artículo 135.** El Instituto contará con las funciones siguientes: I. Diseñar los perfiles y condiciones profesionales de admisión, promoción y permanencia de los servidores públicos del Poder Judicial; II. Diseñar los exámenes que deberán aplicarse a quienes aspiren a ingresar al Poder Judicial y al personal en funciones, para promoción escalafonaria; III. Establecer los objetivos generales de la capacitación y especialización para los servidores del Poder Judicial y quienes pretendan ingresar a éste; IV. Diseñar los programas de admisión, promoción, desarrollo y especialización; V. Organizar las actividades académicas correspondientes para operar los programas institucionales; VI. Diseñar y elaborar el sistema permanente de evaluación institucional y dictaminar sobre el aprovechamiento y resultados de los participantes; VII. Otorgar, con la firma del presidente del Tribunal, los documentos correspondientes a quienes intervengan como ponentes o destinatarios de las actividades del Instituto; VIII. Publicar los artículos académicos en el medio de difusión correspondiente; IX. Supervisar y controlar la adquisición, organización, preservación y difusión de las colecciones bi-	

INSTITUTO DE ESPECIALIZACIÓN	FUNDAMENTACIÓN
bliohemerográficos del Poder Judicial; X. Supervisar y controlar la custodia, registro, conservación, organización, clasificación y difusión de la memoria histórica documental del Poder Judicial; XI. Capturar de manera veraz y oportuna en los programas o sistemas informáticos implementados por la Dirección de Tecnologías de la Información y los indicadores estadísticos mensuales aprobados por el Consejo de la Judicatura. **Artículo 139**. El ingreso y promoción de los servidores públicos de carácter jurisdiccional del Poder Judicial, se hará mediante el sistema de servicio judicial de carrera a que se refiere el presente Título, a través del cual se realizará la formación, capacitación y permanencia de los funcionarios judiciales; todo ello, bajo los principios de excelencia, profesionalismo, objetividad, imparcialidad, independencia y, en su caso, antigüedad. Los empleados encargados de la administración e impartición de justicia deberán mantenerse en constante capacitación y actualización; igualmente, atenderán a las convocatorias que sobre el particular expida el Instituto de Especialización Judicial.	

ESTADO DE QUINTANA ROO

ESCUELA JUDICIAL	FUNDAMENTACIÓN
Artículo 101. La Escuela Judicial es el órgano encargado de la formación, capacitación, especialización, actualización y superación de los servidores públicos de la administración de justicia y personal administrativo, así como de la investigación científica del Derecho y del fomento de una cultura jurídica. **Artículo 111.** El ingreso y la promoción de los servidores públicos de carácter jurisdiccional del Poder Judicial del Estado, se hará mediante el sistema de carrera judicial a que se refiere el presente Capítulo, la cual se regirá por los principios de excelencia, profesionalismo, objetividad, imparcialidad, independencia, honorabilidad, competencia, antecedentes en otras ramas de la profesión jurídica y antigüedad, en su caso.	Artículo 101 y 111 de la Ley Orgánica del Poder Judicial del Estado de Quintana Roo. Ultima reforma publicada en el *Periódico Oficial del Estado* el 05 de abril de 2018.

ESTADO DE SINALOA

INSTITUTO DE CAPACITACIÓN JUDICIAL	FUNDAMENTACIÓN
Artículo 81. El Supremo Tribunal de Justicia contará con un Instituto de Capacitación Judicial, que tendrá por objeto actualizar al servidor público judicial y preparar a los aspirantes a ingresar al Poder Judicial del Estado. **Artículo 82.** El Instituto de Capacitación Judicial contará: I. Con un director; II. Con dos Coordinadores, uno en el área de investigación jurídica y	Artículos 81 y 82 de la Ley Orgánica del Poder Judicial de Sinaloa. Es dado en el Palacio del Poder Ejecutivo del Estado, en la Ciudad de Culiacán Rosales, Sinaloa, a los cinco días del mes de abril de mil novecientos noventa y cinco.

INSTITUTO DE CAPACITACIÓN JUDICIAL	FUNDAMENTACIÓN
otro en el área académica- pedagógica; y III. Con el personal administrativo que le asigne el Supremo Tribunal de Justicia.	

ESTADO DE SAN LUIS POTOSÍ

INSTITUTO DE ESTUDIOS JUDICIALES, PROMOCIÓN Y DESARROLLO DE LOS DERECHOS HUMANOS	FUNDAMENTACIÓN
Artículo 119. El Instituto de Estudios Judiciales dependiente del Consejo de la Judicatura, a través del Secretariado Ejecutivo del Pleno y Carrera Judicial, es el órgano encargado de la investigación jurídica, formación, profesionalización, capacitación y actualización de los miembros del Poder Judicial, y de quienes aspiren pertenecer a este. El funcionamiento y atribuciones del Instituto se regirán por las normas que determine el Consejo de la Judicatura, en el reglamento respectivo. El Instituto podrá establecer extensiones regionales, apoyar los programas y cursos en los términos que les sea solicitados, y coordinarse con las instituciones de educación superior del país, para que éstas lo auxilien en la realización de sus tareas y atribuciones. **LA CARRERA JUDICIAL** **Artículo 147**. El ingreso y la promoción de los servidores públicos de carácter jurisdiccional del Poder Judicial del Estado, se hará mediante el sistema	Artículo 119,147 y 148 de la Ley Orgánica del Poder Judicial del Estado de San Luis Potosí. Reformada, en el P.O. del 18 de junio de 2011.

INSTITUTO DE ESTUDIOS JUDICIALES, PROMOCIÓN Y DESARROLLO DE LOS DERECHOS HUMANOS	FUNDAMENTACIÓN
de carrera judicial, la cual se regirá por los principios de excelencia, profesionalismo, probidad, objetividad, imparcialidad, independencia y antigüedad, en su caso. **Artículo 148**. La carrera judicial, para efectos jurisdiccionales, estará integrada por las siguientes categorías: I. Juez de Primera Instancia; II. Juez Menor; III. Secretario General de Acuerdos del Supremo Tribunal de Justicia; IV. Secretario de Acuerdos; V. Secretaria o secretario Instructor; VI. Secretaria o secretario de Acuerdos de Juzgado Menor; VII. Secretaria o secretario de Estudio y Cuenta; VIII. Subsecretaria o Subsecretario del Supremo Tribunal de Justicia; IX. Subsecretaria o subsecretario; y X. Actuaria o actuario.	

ESTADO DE SONORA

INSTITUTO DE LA JUDICATURA SONORENSE	FUNDAMENTACIÓN
Artículo 100. El Instituto de la Judicatura Sonorense es el órgano auxiliar del Supremo Tribunal de Justicia del Estado en materia de investigación, información estadística y modernización, así como de formación, capacitación y actualización de los miembros del Poder Judicial del Estado y de quienes aspiren a pertenecer a la administración de justicia. Estará a cargo de un coordinador general y tendrá las siguientes	Artículo 100 y 103 de la Ley Orgánica del Poder Judicial del Estado de Sonora. Decreto del 01 de enero de 2021, previa su publicación en el *Boletín Oficial del Gobierno del Estado de Sonora.*

INSTITUTO DE LA JUDICATURA SONORENSE	FUNDAMENTACIÓN
funciones: I. El diseño y operación del Sistema de Información para el Control y Evaluación de las Noticias Estadísticas del Poder Judicial del Estado de Sonora, a efecto de planear el desarrollo del mismo: II. La definición de la normatividad y los criterios para modernizar las estructuras orgánicas, los sistemas y procedimientos administrativos internos, así como los de servicios al público del Poder Judicial del Estado; III. La instrumentación de procedimientos de selección, ingreso, formación, capacitación, adiestramiento, desarrollo, actualización, permanencia, promoción, reconocimiento y separación del cargo de los servidores públicos del Poder Judicial del Estado de Sonora, y a la operación en su caso, de los programas relativos; IV. Coordinar y supervisar el funcionamiento de las oficinas bajo su dependencia y V. Las demás que determinen las leyes, el reglamento y el Supremo Tribunal de Justicia. **LA DIRECCIÓN GENERAL DE FORMACIÓN, CAPACITACIÓN Y ESPECIALIZACIÓN JUDICIALES** **Artículo 103.** A la Dirección General de Formación, Capacitación y Especialización Judiciales le corresponden las siguientes atribuciones: I. Diseñar y ejecutar programas docentes de formación, capacitación y especialización de los miembros del Poder Judicial del Estado y de quienes aspiren a ingresar a éste, así como operar y controlar programas docentes de actualización	

INSTITUTO DE LA JUDICATURA SONORENSE	FUNDAMENTACIÓN
y profesionalización para los mismos; II. Diseñar y proponer sistemas de evaluación permanente del desempeño de los servidores públicos del Poder Judicial, en los que se apoyen los procedimientos de ascenso, promociones y estímulos de los mismos; III. Organizar seminarios, conferencias, mesas redondas, coloquios y cualquiera otra actividad académica, científica y cultural de tipo jurídico, tendiente a promover el mejoramiento profesional de los servidores públicos del Poder Judicial del Estado.	

ESTADO DE TAMAULIPAS

ESCUELA JUDICIAL	FUNDAMENTACIÓN
LA ESCUELA JUDICIAL **Artículo 144.** La Escuela Judicial es una Institución de Educación Especializada, cuyo propósito específico es la capacitación, formación, actualización y profesionalización, con base en el fortalecimiento de la Carrera Judicial, así como para la realización de Estudios de Posgrado, Capacitación Continua e Investigación. Los programas académicos de capacitación, educación continua y posgrado que desarrolle la Escuela judicial podrán ser cursados además de los servidores judiciales, por todas aquellas personas que cumplan con los requisitos de ingreso que señale el Reglamento Interno y el programa académico res-	Artículo 144, 145 de la Ley Orgánica del Poder Judicial del Estado de Tamaulipas. Última reforma, publicada en el *Periódico Oficial* el 22 de noviembre de 2020.

ESCUELA JUDICIAL	FUNDAMENTACIÓN
pectivo. Es un órgano dependiente administrativamente del Consejo de la Judicatura, pero con independencia académica para determinar los planes y programas de estudio encaminados a la formación, actualización y evaluación de los aspirantes a ingresar o ser promovidos en cualquiera de las categorías señaladas en esta Ley. Para el cumplimiento de sus objetivos contará con un departamento de evaluación de desempeño, entorno social y psicológico de los aspirantes a ingresar o ser promovidos en cualquiera de las categorías de la carrera judicial señaladas en esta Ley, cuyas atribuciones estarán definidas en el Reglamento Interno de la Escuela Judicial. **Artículo 145.** La Escuela Judicial se regirá por los principios de excelencia, objetividad, imparcialidad, profesionalismo e independencia académica, y tendrá como atribuciones, establecer: I. Programas de estudio para la profesionalización, capacitación, y actualización de los servidores públicos judiciales.	

ESTADO DE TLAXCALA

INSTITUTO DE ESPECIALIZACIÓN JUDICIAL	FUNDAMENTACIÓN
Artículo 87. El Instituto de Especialización Judicial es el órgano auxiliar del Consejo de la Judicatura encargado de la investigación, formación, capacitación y actualización de los servidores	

INSTITUTO DE ESPECIALIZACIÓN JUDICIAL	FUNDAMENTACIÓN
públicos del Poder Judicial, así como de quienes aspiren a pertenecer al mismo. Estará a cargo de un director que será nombrado por el Pleno del Consejo de la Judicatura, su organización, funcionamiento y atribuciones se regirán por el reglamento que al efecto expida el Consejo de la Judicatura de conformidad al presupuesto que le sea aprobado. **Artículo 88**.- Para ser director del Instituto de Especialización Judicial se requerirá cumplir con los requisitos previstos en el Artículo 73 de esta Ley, con excepción de la profesión, que deberá ser de maestro en Derecho y preferentemente con doctorado. **Artículo 89**.- El Instituto de Especialización Judicial, podrá celebrar convenios con las diferentes instituciones de educación superior del país y del extranjero, así como con cualquier persona física o moral, para el cumplimiento de sus objetivos.	Artículos 87, 88 y 89 de la Ley Orgánica del Poder Judicial del Estado de Tlaxcala. Última Reforma Publicada en el *Periódico Oficial* 16 de marzo de 2021.

ESTADO DE TABASCO

CENTRO DE ESPECIALIZACIÓN JUDICIAL	FUNDAMENTACIÓN
Artículo 159. Las funciones del Centro serán las de capacitar al personal que deba prestar sus servicios en el Poder Judicial; mejorar las aptitudes del que esté laborando y especializar a los ser vidores públicos que deseen ocupar puestos superiores en las distintas ramas de la Administración de Justicia.	Artículos 159 y 160 de la Ley Orgánica del Estado de Tabasco fecha de publicación; a los diez días del mes de marzo del año dos mil diecisiete.

CENTRO DE ESPECIALIZACIÓN JUDICIAL	FUNDAMENTACIÓN
Artículo 160. Son funciones y responsabilidades del director del Centro: I. Formular anualmente el programa de actividades, para ser sometido a la aprobación del Pleno; II. Cuidar que el programa de especialización Judicial se elabore con apego a las necesidades del Poder Judicial; III. Establecer y mantener comunicación permanente con otras áreas, dependencias, Instituciones Educativas y Centro de Investigación, con el propósito de lograr el mejoramiento académico y práctico de los cursos que se impartan; IV. Promover entre el personal del Poder Judicial cursos de capacitación y actualización; y, V. Realizar las demás funciones y asumir las responsabilidades que las disposiciones legales le asignen, así como las que le confiera la superioridad.	

ESTADO DE VERACRUZ

INSTITUTO DE CAPACITACIÓN DEL PODER JUDICIAL DEL ESTADO	FUNDAMENTACIÓN
Artículo 117. El Instituto de Capacitación del Poder Judicial del Estado es un órgano auxiliar del Consejo de la Judicatura, encargado de la capacitación, formación y actualización de los servidores públicos, así como de la investigación y difusión de temas afines a la función jurisdiccional y, en general, de la ciencia del Derecho.	Artículo 117 y 118 de la Ley Orgánica del Estado de Veracruz. Fecha de Publicación a los seis días del mes de febrero del año dos mil dieciocho.

INSTITUTO DE CAPACITACIÓN DEL PODER JUDICIAL DEL ESTADO	FUNDAMENTACIÓN
Artículo 118. El Instituto estará conformado por: I. El director; II. El jefe de la Unidad de Carrera Judicial; III. El jefe de la Unidad de Capacitación y Actualización; IV. El jefe de la Unidad de Investigación y Difusión; y V. Las demás unidades de apoyo que se requieran para el buen desempeño de sus atribuciones y que permita el presupuesto.	

ESTADO DE YUCATÁN

INSTITUTO DE CAPACITACIÓN	FUNDAMENTACIÓN
Artículo 105. El Instituto de Capacitación tiene como función la de establecer cursos periódicos o permanentes de preparación y superación para los empleados y personal administrativo del Poder Judicial, en todos aquellos aspectos necesarios para desempeñar la positiva función dentro del mismo, así como conferencias, pláticas, seminarios y otros eventos, para mantener actualizados los conocimientos de sus funcionarios. **Artículo 106**. El director del Instituto de Capacitación del Poder Judicial será designado por el Pleno del Tribunal Superior de Justicia y el cargo podrá recaer en un Magistrado o en un Abogado o Licenciado en Derecho de reconocida capacidad y experiencia profesional.	Artículo 105 y 106 de la Ley Orgánica del Poder Judicial del Estado de Yucatán. Última Reforma D. O. 15 diciembre de 2007.

INSTITUTO DE CAPACITACIÓN	FUNDAMENTACIÓN
Artículo 107. El personal docente y administrativo del Instituto se integrará con los funcionarios del Poder Judicial y con los profesionales que el Pleno tenga a bien designar.	

ESTADO DE ZACATECAS

ESCUELA JUDICIAL	FUNDAMENTACIÓN
Artículo 1. El presente Reglamento regula la organización, estructura, objetivos y funciones de la Escuela Judicial y establece las normas básicas de los planes y programas de investigación jurídica, formación, profesionalización, capacitación y actualización, así como de cursos de aspirantes y postgrados ofrecidos por la Institución. **Artículo 2.** Las disposiciones de este Reglamento son de orden público e interés general. **Artículo 3.** Para los efectos del presente Ordenamiento se tendrá por: I. Ley. A la Ley Orgánica del Poder Judicial del Estado de Zacatecas; II. Reglamento. El presente Ordenamiento; III. Pleno. Al Honorable Pleno del Tribunal Superior de Justicia del Estado de Zacatecas; IV. Presidente. Al magistrado presidente del Tribunal Superior de Justicia del Estado; y V. Escuela. A la Escuela Judicial del Poder Judicial del Estado de Zacatecas. **CARRERA JUDICIAL** **Artículo 22**. El propósito del programa de docencia de la carrera judicial, con-	Artículos 1 ,2, 3 y 22 del Reglamento de la Escuela Judicial del Poder Judicial del Estado de Zacatecas del 09 de marzo del año 2009.

ESCUELA JUDICIAL	FUNDAMENTACIÓN
siste en preparar a los servidores judiciales, como aquellos que aspiren a ingresar al Poder Judicial, en los casos en que el Pleno así lo determine en el acuerdo respectivo.	

Fuente: elaboración propia con base en la reglamentación de cada estado.

Tras realizar un análisis de la catalogación descripción de estos organismos y de sus funciones particulares puede inferirse la existencia de una imperiosa necesidad de contar con una normatividad ex profeso sobre la carrera judicial en cada entidad federativa, lo que evidencia la falta de un código homogéneo o de una legislación específica referidos a la carrera judicial. Si esta existiera, sería posible consolidar los sistemas de evaluación de los servidores judiciales. Por ello, este fenómeno sigue siendo considerado un nicho de oportunidades.

Otro aspecto que se detecta en la información del cuadro-resumen arriba reproducido es que en la mayoría de los poderes judiciales la regulación de la carrera judicial es sesgada, toda vez que únicamente se enfoca en algunos de los procesos de la carrera, aunque, por otro lado, la evaluación se reconoce como un componente imprescindible para el desarrollo profesional y para su constante mejora. En ese sentido, la Declaración de Copán-San Salvador, instrumento emitido en la Cumbre de presidentes de las Cortes Supremas y Tribunales Supremos de Justicia de Iberoamérica, celebrada en 2004, señala lo siguiente en su punto II.11 (denominado «Evaluación del Desempeño») declaración segunda:

> Segunda. Los indicadores cualitativos habilitan contemplar las particularidades de cada sujeto y labor, así como aten-

> der a la naturaleza misma de la función jurisdiccional cuyos titulares, auxiliares técnicos y administrativos son los evaluados; pues estos factores tornan viable conocer la calidad de los servicios prestados, calificarla y propender a su mejora mediante la adopción de los instrumentos adecuados (por ejemplo, selección, capacitación, sistemas de apoyo, previsiones normativas y de organización) (Declaración de Copán-San Salvador, 2004: 23-24)

Asimismo, en 2017 la Oficina de las Naciones Unidas Contra la Droga y el Delito señaló que debe aplicarse la evaluación de desempeño individual a todos los funcionarios de carrera judicial, valoración que debe estar basada en mecanismos objetivos y periódicos. Con respecto a la frecuencia de las evaluaciones, la Cumbre de las Cortes Supremas y Tribunales Supremos de Justicia de Iberoamérica, celebrada en 2004, consideró lo siguiente:

> Cuarta. [...] La evaluación deberá efectuarse con una periodicidad no inferior a la anual para asegurar la permanencia y regularidad del método como forma de sostener políticas generales adecuadas, que también atiendan las circunstancias particulares de los sujetos evaluados (México Evalúa, 2021: 56)

En este sentido, al calendarizarse anualmente las evaluaciones de desempeño individual se dispone de un estándar para calcular y prever los insumos financieros y humanos que resulten necesarios para cumplir con el ejercicio de evaluación y sus implicaciones.

Se ha observado, por otra parte, que para «asegurar la objetividad de estas evaluaciones, el área encargada deberá desarrollar formatos con criterios homologados por la institución, tomando en cuenta la particularidad de cada cargo; indicadores de tipo cuantitativos y cualitativos y metas. Si el Poder Judicial cuenta con un sistema de gestión automatizada de expedientes, los indicadores cuantitativos deberían ser proporcionados por el sistema de manera automática» (México Evalúa, 2021: 56)

De igual manera, las evaluaciones de desempeño «deben aplicarse a todos los funcionarios de la carrera judicial; para fomentar su desarrollo profesional, la calidad de su servicio y su independencia judicial. Esto implica que deberían ser evaluados desde los eslabones operativos hasta los magistrados» (*Ibidem*: 57).

Además, la evaluación del desempeño supone «examinar el rendimiento laboral de una persona y compartir con esta los resultados obtenidos. Se elabora a partir de programas formales de evaluación que recogen informaciones sobre los empleados y su desempeño en el cargo. Se construye sobre la base de metas a alcanzar» (Jiménez Mayor, 2007: 7).

Asimismo, se busca afianzar «la vinculación de la persona al cargo, integrando y configurando las obligaciones del empleo con las expectativas que tiene el trabajador sobre sí mismo, persiguiendo comprobar las fortalezas y debilidades, constituyendo una poderosa herramienta para estructurar programas de entrenamiento o capacitación. Es una gran base informativa para priorizar los recursos y fomentar las promociones e incentivos por el buen desempeño» (*Idem*)

En síntesis, la calificación de la actuación debe permitir que la persona sometida a escrutinio tenga claro el resultado de la evaluación sobre su desenvolvimiento y rendimiento con miras a mejorar el desarrollo de sus funciones. Por ello, «la evaluación de desempeño resulta útil para dos aspectos centrales:

5) Afinar los procesos de selección y capacitación; y

ii) Buscar la mejora del rendimiento laboral de la mano con los propios trabajadores» (Jiménez Mayor, 2007, 8).

Al respecto, el numeral II.11 (declaración quinta) de la Declaración de Copán-San Salvador de 2004, denominado Evaluación del Desempeño, señala lo siguiente:

> Quinta. Los resultados de la evaluación traerán aparejadas para los sujetos evaluados, consecuencias positivas (tales como ascensos o incentivos) o negativas (por ejemplo: necesidad de capacitación, postergación funcional y eventualmente consecuencias disciplinarias). Dichos resultados podrán ser difundidos públicamente conforme a la normativa interna de cada país. (Declaración de Copán-San Salvador, 2004: 24).

Idealmente, el buen desempeño debería ser recompensado mediante un sistema de estímulos, económicos o de otro tipo, orientados a reconocer y premiar institucionalmente a los funcionarios que obtienen buenas puntuaciones. Esto "permite motivar a cada funcionario para que realice su labor con profesionalismo, integridad y excelencia, como lo exigen los principios de la carrera judicial generalmente previstos en sus normas aplicables. En el caso de las personas bien calificadas, es un impulso para seguir mejorando y, para los funcionarios con resultados bajos, es un incentivo para corregir malas prácticas» (México Evalúa, 2021: 57).

Ahora bien, cuando las evaluaciones de desempeño detectan áreas de oportunidad, malas prácticas y bajos desempeños, estas anomalías deben ser comunicadas al sujeto evaluado e iniciar con él búsqueda del modo de corregirlas- Es decir, «la consecuencia de la evaluación tiene que ir enfocada a hacer los ajustes necesarios, por ejemplo, mediante una estrategia de capacitación obligatoria y periódica, como lo sugiere el artículo 23 del Estatuto del Juez Iberoamericano del año 2002» (*Idem*).

En el contexto de la presentación del paquete de reformas del Poder Judicial en febrero del año 2022, cobra relevancia la inserción en esta investigación de los mecanismos que pueden contemplarse para evaluar distintas dimensiones de las acciones que se pretenden implementar en el sistema judicial.

En este aspecto, los ejes principales de la reforma al Poder Judicial son:

1. Consolidación de una verdadera carrera judicial para todas las categorías, a las que se accederá por concurso de oposición.
2. Limitación de la discrecionalidad de los nombramientos otorgados por jueces y magistrados para garantizar que solo se otorguen a los vencedores en los concursos.
3. Establecimiento de políticas que orienten las determinaciones del Consejo de la Judicatura Federal en materia de adscripciones, readscripciones, reincorporaciones y ratificaciones de juzgadores.
4. Refuerzo de las facultades institucionales de combate a la corrupción y al nepotismo.
5. Impulso a la capacitación y profesionalización del personal otorgándoles a la Escuela Judicial un rol central en los concursos de oposición, confiriéndole también la capacitación y la carrera judicial de los defensores públicos (IBD, 2020: 15)

Estos cambios van a permitir el robustecimiento de la carrera judicial y sus procesos, mejora que impactará en la planeación institucional. Asimismo, debemos tener presente que, recientemente, en Latinoamérica se ha adoptado la cultura de planeación y evaluación por resultados, modelo que permite verificar también el desarrollo laboral de las instituciones.

1.3. EVALUACIÓN DEL DESEMPEÑO JUDICIAL

La búsqueda del profesionalismo y la independencia en las funciones de los servidores públicos jurisdiccionales y, en particular, de la carrera judicial, requiere procesos de evaluación de desempeño distintos de los ejercicios de auditoría.

En este sentido, en la VI Cumbre Iberoamericana de presidentes de Cortes Supremas y Tribunales Supremos de Justicia, celebrada en Santa Cruz de Tenerife (España) en mayo de 2001, se aprobó el Estatuto del Juez Iberoamericano, cuyo artículo 22 regula la Evaluación del Desempeño como una herramienta para garantizar de la eficiencia y calidad del servicio de justicia. Asimismo, el punto 3.7 de la Declaración Final de esta Cumbre hace referencia la necesidad del «mejoramiento del desempeño de cada juez» en estos términos:

> Que los principios orientadores de la evaluación deberán garantizar la objetividad y trasparencia del proceso evaluatorio, dejando de lado toda discrecionalidad por parte de los calificadores, permitiendo que el calificado tome cabal conocimiento del modo en que es apreciado su quehacer, los correspondientes fundamentos y la indicación de los aspectos que debe corregir o aquellos que puede persistir, como medio para mejorar su desempeño. [... Asimismo,] deberá procurarse que el sistema evaluatorio no debilite la independencia de los jueces, con motivo de la calificación que les efectúan sus superiores, ni tampoco acentúen un verticalismo que conduzca a un exceso de conductas imitativas (Jiménez Mayor, 2007: 15).

De igual forma, el punto II.11 de la Declaración de Copán-San Salvador, en el punto II.11 señala, en relación con el ámbito de la Evaluación del Desempeño, que «la evaluación del desempeño ha de ser concebida como un sistema de mejora de la actividad judicial contemplada en su conjunto, así como en el desempeño de cada uno de sus operadores y de apoyo al trabajo del juez, que contribuya a fortalecer la eficiencia, eficacia y calidad de la administración de justicia» (Declaración de Copán-San Salvador, 2004: 23)

Cabe señalar que en el Poder Judicial del Estado de México existe otro tipo de evaluación para las personas que obtienen un nuevo cargo y se encuentran en periodo de prueba. A lo largo del periodo provisional, los superiores jerárquicos tienen que cumplimentar los formularios de evaluación del desempeño del funcionario subordinado, mismos que son utilizados para determinar si obtiene el puesto de manera definitiva o no, por lo que es necesaria la retroalimentación hacia los servidores públicos.

Así, aun cuando «existen algunos mecanismos para realizar evaluación al interior de los poderes judiciales, estos no están enfocados a valorar el desempeño de cada funcionario con el fin de aportar retroalimentación, reconocimiento u ofrecer actividades de capacitación» (México Evalúa, 2021: 54)

En este sentido, la nueva Ley Orgánica de Poder Judicial del Estado de México prevé la figura de la Coordinación General de Evaluación, cuya función, de acuerdo con el artículo 182, consiste en elaborar criterios y aplicar los procesos de evaluación a la totalidad de los servidores públicos. Asimismo, será responsable de la elaboración de los reactivos de los exámenes escritos y la selección de los casos prácticos cuando así lo determinen las convocatorias para los cursos y concursos de oposición.

Esta innovadora instancia evaluadora y su desarrollo a través de un área especializada garantizan el diseño, la implementación y el seguimiento de las evaluaciones que se requieran en cualquiera de los procesos que conforman el sistema de carrera judicial, con lo que el Poder Judicial mexiquense será la única instancia que pueda considerar normativamente un Centro de Evaluación, lo que consolida a los servidores públicos que ingresan y permite deliberar sobre el ascenso y/o la ratificación de otros funcionarios.

2. MODELOS EXITOSOS DE EVALUACIÓN DEL DESEMPEÑO JUDICIAL. LAS EXPERIENCIAS INTERNACIONALES

Los poderes judiciales son instituciones que prestan el servicio de administración e impartición de justicia, que debe ser considerada como el producto final que ha de obtener la sociedad independientemente de sus recursos económicos o de su condición de vida. Sin embargo, la obtención de justicia se ha convertido en un factor de percepción subjetiva que ha restado credibilidad a los poderes judiciales, por lo que los modelos de evaluación del desempeño son los encargados de mostrar la adecuación de las prácticas laborales de los servidores públicos de los sistemas judiciales, así como de exponer e identificar las áreas de oportunidad y de mejora en el desarrollo de las funciones y las responsabilidades de los funcionarios judiciales.

A nivel internacional, la elección y el desarrollo de los mecanismos de evaluación del desempeño en el ámbito judicial ha demostrado su eficacia para potenciar los recursos humanos en los aparatos de justicia, dado que, precisamente, el personal que no desea capacitarse es el que suele ser débil en estas instituciones, lo que constituye uno de sus problemas sustanciales. En este sentido, las «organizaciones [que] funcionan aceptablemente con un número limitado de operaciones se convierten en instituciones muy ineficaces cuando la carga de trabajo excede las capacidades ordinarias» (UNODC, 2021: 115)

Este fenómeno se presentó con la pandemia de COVID-19, que generó importantes retrasos en la impartición de justicia debido a la suspensión de la atención al público y a la tardanza en la implementación de tribunales digitales. No obstante, los mecanismos o modelos de evaluación del desempeño en los ámbitos judiciales han sido ampliamente aceptados en la última década para contrarrestar los efectos de episodios como la crisis sanitaria y otros que tuvieron lugar antes de la pandemia.

En este aspecto, en la Declaración de Copán-San Salvador de 2004 los máximos representantes de los poderes judiciales plantearon el compromiso de implementarlo del siguiente modo:

> II.11. Evaluación del Desempeño, declaración:
>
> Tercera. Los órganos evaluadores deben ser designados por la autoridad competente del sistema judicial y provenir de sus cuadros, sin perjuicio de la posibilidad de apoyo de operadores ajenos al Poder Judicial. Ello garantiza la independencia de los evaluadores en que su labor será examinada con mayor comprensión y profundidad por quienes reúnen conocimiento y experiencia en el ejercicio de similar función. Asimismo, la posibilidad de control por otros operadores del sistema, pero ajenos al Poder Judicial, objetiviza la instancia evaluatoria, proporciona la visión del justiciable y aporta transparencia al resultado de la evaluación.
>
> Cuarta. La evaluación de desempeño comprende: jueces, funcionarios técnicos, y auxiliares administrativos. Sin perjuicio de cada Estado adopte la solución apropiada a su realidad nacional e institucional. La evaluación deberá efectuarse, con una periodicidad no inferior a la anual para asegurar la permanencia y regularidad del método como forma de sostener políticas generales adecuadas, que también atiendan las circunstancias particulares de los sujetos evaluados.
>
> Quinta. Los resultados de la evaluación traerán aparejadas para los sujetos evaluados, consecuencias positivas, tales

como los ascensos o incentivos; o negativas, por ejemplo: necesidad de capacitación, postergación funcional y eventualmente consecuencias disciplinarias (Jiménez Mayor, 2007: 18).

Por lo que respecta a los Sistemas de Evaluación, la Declaración estipula lo siguiente:

> Dichos resultados podrán ser difundidos públicamente conforme a la normativa interna de cada país.
>
> Sexta. El procedimiento de evaluación deberá adecuarse a los principios y garantías mínimos que se establece a continuación:
>
> a) Predeterminación de los ítems evaluables y de su valoración respectiva.
> b) Fijación de parámetros de evaluación positiva.
> c) Predeterminación de las consecuencias de la evaluación satisfactoria y de la insatisfactoria.
> d) Publicidad incita en todo «debido proceso».
> e) Recurribilidad en vía administrativa y/o jurisdiccional de conformidad con cada régim en jurídico.
>
> Séptima. Los Sistemas Judiciales de cada Estado asumen el compromiso de implementar un sistema de evaluación del desempeño que se adecue a las pautas procedentes.
>
> Para la materialización de las precedentes declaraciones, asumimos el compromiso de ejecutar la siguiente acción:
>
> Única. Elaborar una guía iberoamericana de la evaluación del desempeño, que aspire a constituirse en referente iberoamericano en la materia, instrumento favorecedor de la aproximación de nuestros respectivos sistemas y del mejoramiento de cada uno de los sistemas nacionales de evaluación del desempeño (*Idem*).

En este sentido, hace ya dos décadas que la posibilidad de considerar y aplicar sistemas o modelos de evaluación sobre el desempeño de los funcionarios de los poderes judiciales causó inquietud y prioridad en la comunidad internacional y, a la fecha, sigue siendo un tema distante para algunos sistemas judiciales.

Un ejemplo de esto es el caso de Iberoamérica, donde, a pesar de la proclamación de la Declaración de Copán-San Salvador y de otros pronunciamientos internacionales semejantes, aún no existen suficientes sistemas de evaluación del desempeño. Como se ha señalado, ello es debido a que «estamos frente a un tema especializado que es muy reciente y que aún está a niveles piloto en muchas administraciones estatales, no estableciéndose en el ámbito judicial, generalmente, debido a la falta de práctica y conocimientos en el Estado sobre estos nuevos mecanismos» (Jiménez Mayor, 2007: 19)

Finalmente, hay debe tener presente que la Declaración de Copán-San Salvador ofrece una serie de aportes al concebir la evaluación como un factor de mejora de la actividad jurisdiccional. En aras del fortalecimiento de la carrera judicial, deberían ponerse en práctica las recomendaciones que estipula.

A continuación se realiza un análisis en el que se examinan los modelos internacionales de evaluación del desempeño judicial más prósperos y efectivos. Esta aproximación pueden ser de gran utilidad para mostrar la importancia y las ventajas de realizar valoraciones en los ámbitos judiciales.

2.1. EL MODELO FINLANDÉS. CALIDAD DEL TRIBUNAL DE APELACIÓN DE ROVANIEMI

El modelo finlandés de evaluación constituye un ejemplo de cómo se utiliza un método participativo. Por otra parte, prevé una forma novedosa de calificar y mejorar la calidad de la justicia «impartida por los tribunales del distrito sobre la base de ciclos de calidad anuales» (UNODC, 2001: 117).

Así, en Finlandia «cada año todos los jueces examinan los problemas relativos a la calidad. Entre los temas iniciales sobre la calidad figuraba la coherencia de las penas impuestas en un primer momento para el robo, la conducción en estado de ebriedad y la agresión; el año siguiente para los delitos relacionados con estupefacientes y la intervención judicial en la preparación de los procesos civiles» (*Ibidem*: 118).

La posterior participación de abogados y otros agentes judiciales en el proyecto sobre la calidad judicial permitió examinar cuestiones como la superación de los obstáculos en la preparación de los procesos civiles de los años 2004 y 2006 o los procedimientos y las pruebas en materia de encarcelamiento y prohibición de viajar. Además, «el proyecto ha abordado la asignación de causas a los jueces sobre la base de sus conocimientos especializados y el seguimiento de la evaluación de las causas desde las audiencias intermedias hasta la sentencia». (*Idem*).

De esta forma, los «parámetros de calidad tienen en cuenta seis ámbitos: el proceso, la decisión, el tratamiento de las partes y el público, la prontitud de las actuaciones, la competencia y las aptitudes profesionales del juez y la organización y gestión del proceso judicial. Se han establecido indicadores de calidad para cada ámbito» (*Idem*).

Asimismo, la «información recibida de los participantes en los juicios puede utilizarse como guía para mejorar la calidad teniendo en cuenta constantemente las necesidades y las expectativas de los usuarios de los tribunales» (*Ibidem*: 119).

En este aspecto, los temas se eligen por su relevancia social y se abordan importantes cuestiones de carácter jurídico, judicial y de gestión que se plantean en la administración de los tribunales y en los procedimientos judiciales. Además, el modelo ha propiciado la participación de agentes judiciales distintos de los jueces como los abogados, los fiscales, etcétera, innovación que coadyuvó a la creación de un nuevo proyecto denominado «Parámetros de calidad para el proceso judicial» que se ha puesto en marcha como medio de evaluar y mejorar las actividades jurisdiccionales de aquel país.

2.2. ESTADOS UNIDOS Y EL *COURTOOLS*

El *CourTools* es un instrumento que ha facilitado el establecimiento de un conjunto de indicadores claramente vinculados a los principales objetivos institucionales de los tribunales e ideados por el National Center for State Courts, organismo que «integró los principales ámbitos de desempeño de los tribunales de primera instancia con los conceptos pertinentes de los sistemas de medición del desempeño utilizados con éxito en los sectores público y privado» (*Ibidem*: 119).

El *CourTools* ofrece diez orientaciones —especificadas a través de indicadores— para mejorar el rendimiento de los tribunales, así como una perspectiva equilibrada de su funcionamiento. Dichos ítems suministran una visión detallada de los diferentes ámbitos del ámbito judicial, un conjunto de indicadores apropiados —llamados «medidas»— y diversas técnicas de evaluación que han demostrado su eficacia para juzgar la labor de los tribunales.

Para determinar la calidad del funcionamiento de un tribunal, detectar los problemas incipientes e indicar las posibles mejoras, el National Center for State Courts estableció los 10 parámetros de medición del desempeño judicial que se presentan a continuación:

1. Acceso y equidad: permiten medir las calificaciones asignadas por los usuarios a la accesibilidad del tribunal y al trato recibido en términos de equidad, igualdad y respeto; esta medida ofrece un instru-

mento para interrogar a todos los usuarios sobre su experiencia en los tribunales. La comparación de los resultados en función del lugar, la división, el tipo de cliente y los tribunales puede servir de base a las prácticas de gestión judicial.

2. Tasa del despacho: es el número de causas terminadas como porcentaje del número de causas iniciadas. La tasa de despacho mide si el tribunal está al día con la carga de trabajo recibida. Esta medida es una cifra única que puede compararse dentro del tribunal o entre un tribunal y otro.

3. Tiempo transcurrido hasta la decisión: es el porcentaje de causas que han sido objeto de una decisión o se han resuelto de alguna otra forma dentro de los plazos establecidos. Esta medida, utilizada junto con la tasa de despacho (medida 2) y la antigüedad de las causas pendientes (medida 4), es un instrumento de gestión fundamental que evalúa el tiempo que tarda un tribunal en tramitar las causas.

4. Antigüedad de las causas pendientes: cuantifica la antigüedad de las causas pendientes ante el tribunal medida en función del número de días transcurridos desde su presentación ante tribunal hasta el momento en que se realiza la medición. Conocer la antigüedad de las causas pendientes ante el tribunal es particularmente útil para detectar los atrasos, los casos problemáticos (atípicos) y las tendencias de la litigiosidad.

5. Certeza de la fecha del juicio: se define como el número de veces en que los asuntos resueltos mediante juicio tenían una fecha fijada para el juicio. Esta medida permite evaluar la eficacia de los calendarios y de las prácticas de continuidad.

6. La fiabilidad e integridad de los expedientes: mide el porcentaje de expedientes que resulta posible localizar dentro de los plazos fijados y que cumplen las normas establecidas sobre la exhaustividad y exactitud del contenido. Esta medida proporciona información sobre: a) el tiempo que se necesita para localizar un expediente, b) la concordancia entre el contenido del expediente y la información del resumen de la causa, y c) la organización y exhaustividad del expediente.
7. La ejecución de sanciones monetarias: mide las sumas cobradas y distribuidas dentro de plazos establecidos, expresadas como porcentaje del total de sanciones monetarias impuestas en casos concretos. Esta medida pretende determinar hasta qué punto un tribunal asume la responsabilidad de hacer cumplir las decisiones que imponen sanciones monetarias.
8. La utilización eficaz de los jurados se mide mediante dos indicadores: el número obtenido de jurados y la utilización de jurados. El número obtenido de jurados es el número de ciudadanos seleccionados para servicio de jurado que cumplen los requisitos necesarios y se presentan para cumplir su obligación, expresado como porcentaje del número total de jurados disponibles.
9. La satisfacción de los empleados de los tribunales: mide las calificaciones que asignan los empleados a la calidad del entorno laboral y a las relaciones entre el personal y la Administración. Esta medida investiga la opinión de los empleados sobre si el personal cuenta con los materiales, la motivación, la dirección, el sentido de misión y el compromiso necesarios para realizar un trabajo de calidad.

10. El costo por causa: mide el costo medio de la tramitación de una sola causa. El costo por causa establece una relación directa entre lo que se gasta y lo que se logra. Esta medida puede utilizarse para evaluar el rendimiento de la inversión en nuevas tecnologías, la reestructuración de las prácticas institucionales, la formación del personal o la adopción de las mejores prácticas (*Ibidem*: 121).

Como puede deducirse, un sistema como el *CourTools* requiere el acceso a múltiples bases de datos y la utilización de diferentes métodos y técnicas de evaluación. Por lo tanto, los indicadores deben elaborarse teniendo en cuenta la información ya disponible. La posibilidad de analizar la información de las décadas en las que se ha recabado y generado convierte a las referidas medidas de calificación en un ejemplo de idoneidad y consolidación de la evaluación.

2.3. COSTA RICA Y SU GUÍA DE EVALUACIÓN DEL DESEMPEÑO

En 2018, el Poder Judicial de la República de Costa Rica, a través de la Dirección de Gestión Humana, planteó la pertinencia de rediseñar el Modelo de Evaluación del Desempeño por Competencias, denominado Sistema Integrado de Evaluación del Desempeño (SIED). Con este modelo, la gestión de las competencias laborales en un trabajo concreto permite dirigir la forma en que se recluta, se evalúa y se promociona a los servidores judiciales y, consecuentemente, orientar el modo en que prestan los servicios.

Así, la Dirección de Gestión Humana «tiende a potenciar la mejora continua y la rendición de cuentas por medio de la observación, seguimiento y comunicación, permite valorar y apreciar el desempeño individual de la persona servidora judicial, en un determinado tiempo, para medir su aporte en el logro de las funciones, objetivos, actividades y responsabilidades que les competen según el Sistema de Clasificación y Valoración de Puestos» (Poder Judicial de Costa Rica, 2020: 11).

Para concretar esta declaración general, el Poder Judicial de Costa Rica enuncia los criterios de utilidad de dicha evaluación en estos términos:

A) Mejorar el desempeño: la finalidad primordial de la evaluación es la retroalimentación de las personas servidoras judiciales sobre su desempeño laboral para identificar las oportunidades de mejora y propiciar la excelencia. Por esto, se requiere analizar y comentar los resultados e incidentes críticos y potenciar los factores claves de éxito.

B) Generar indicadores que permitan identificar las acciones que mejora en las condiciones labores y plenitudes humanas de las personas servidoras del Poder Judicial, así como para valorar el aporte de estas.

C) Cumplir los objetivos: promover que las personas servidoras judiciales aporten con su desempeño al cumplimiento de los objetivos del Poder Judicial en función de puesto que ocupan.

D) Completar y fortalecer la toma de decisiones: generar elementos necesarios por medio de los resultados de la aplicación de evaluación del desempeño que faciliten la toma de decisiones de Poder Judicial y el gerenciamiento del capital humano a través de la mejora continua en los distintos procesos y en personas que los aplican.

E) Generar una cultura de mediación y rendición de cuentas: promover una cultura de medición de parte de las personas servidores judiciales y su deber de rendir cuentas, con base al marco estratégico y ético-axiológico del Poder Judicial y los instrumentos aprobados para su efecto.

F) Mejorar permanentemente la presentación de los servicios: hacer posible que los servicios públicos, las funciones y acciones desempeñadas por las personas servidoras judiciales cumplan con los propósitos para los cuales fueron establecidos en procura del interés general de la persona usuaria (Poder Judicial de Costa Rica, 2020: 5).

Desde esta perspectiva, la gestión del rendimiento o el factor cuantitativo es crucial en la evaluación del desempeño, dado que no permite interpretaciones alternativas: la evaluación tiene como base a cada servidor judicial y su supervisor conoce perfectamente cuáles son sus funciones o tareas específicas y los procedimientos a seguir según los puestos que ocupan, además de las funciones y tareas que se integran en los objetivos de la oficina o despacho judicial. De este modo, se promueve el trabajo por metas.

La Guía de Evaluación del Desempeño del Poder Judicial de Costa Rica es clara en lo que respecta a las siguientes estrategias:

— Evaluaciones de seguimiento. Son evaluaciones programadas y obligatorias que se realizan durante cada período de evaluación con el propósito de generar información de retorno para que la persona evaluada pueda mejorar su desempeño, aplicando las acciones identificadas en lo que resta del período de evaluación (*Ibidem*: 6).

— Perfil competencial. Es un instrumento intregrado en el en el Sistema de Clasificación y Valoración de Clases de Puestos que recoge los objetivos, funciones, actividades y responsabilidades asociados a cada puesto, así como las competencias que debe reunir una persona para llevar a cabo su trabajo con eficacia y eficiencia (*Ibidem*: 7).

Este nuevo enfoque se centra en la persona como principal recurso competitivo de la organización que, por tanto, es necesario optimizar mediante una verdadera sinergia entre los distintos actores que intervienen en la gestión de los recursos humanos.

Finalmente, para ilustrar las aportaciones teóricas y los nuevos criterios del Poder Judicial de Costa Rica, la siguiente tabla-resumen ofrece una comparación entre el modelo tradicional y la gestión del talento por competencias:

Tabla 1. Modelo tradicional de evaluación *vs.* gestión competencias

Modelo tradicional	Gestión del talento por competencias
Enfoque reactivo: las acciones son, por lo general, de tipo reactivo, es decir, se busca solucionar los problemas que ya se han planteado.	Enfoque proactivo: intenta anticiparse a los problemas y dificultades que pueden surgir en un futuro para planificar las acciones precisas a fin de evitarlos o minimizarlos.
Funciones aisladas: las funciones se corresponden con departamentos y secciones independientes que han surgido de manera aislada a medida que han ido apareciendo los problemas que las demandaban y sin una visión de conjunto de toda la gestión del área.	Gestión integrada: las actuaciones deben generarse en el marco de una visión integrada que responda a un planteamiento estratégico coherente con los objetivos organizacionales. Es decir, deben fundarse en planes y programas que permitan alcanzar los objetivos fijados en plazos determinados mediante una acción coordinada entre todas sus áreas —y, por tanto, no a través de acciones independientes—.

Modelo tradicional	Gestión del talento por competencias
Nivel funcional: el desarrollo de tareas se orienta a solucionar los problemas que se presentan.	Nivel estratégico: el papel de la Dirección de Gestión Humana es el de un socio estratégico que opera mediante la planificación, la implantación y la evaluación de programas que apoyan el funcionamiento del Poder Judicial. Se pasa de un rol técnico a uno de gestor.
Enfoque en el rasgo: el perfil del puesto se define con base en los rasgos de la personalidad y las aptitudes. No obstante, tales insumos son tomados como características fijas, subyacentes, difícilmente modificables y cuya medición se realiza a través de test y pruebas que, de acuerdo con diversos autores, no son buenos predictores del desempeño laboral.	Enfoque en competencias: los puestos se definen en función de las conductas de las personas que realizan su trabajo con eficacia. De esta manera, el perfil del puesto está conformado por un conjunto de comportamientos perfectamente observables que permiten predecir de forma segura, valida y fiable, el éxito de las personas en sus trabajos.

Fuente: Poder Judicial de Costa Rica (2020)

Desde hace varios años, el Poder Judicial de Costa Rica ha implementado la Gestión integral de la calidad y acreditación, un modelo cuyo objetivo es establecer patrones de administración en cualquier área de una organización perteneciente al sector de la justicia. Su puesta en marcha ha propiciado que el sistema de evaluación del desempeño de los servidores judiciales esté mucho más avanzado y posea, por ejemplo, indicadores para la organización del despacho judicial, entre otros instrumentos de medición.

2.4. EVALUACIÓN DE MEDICIÓN DEL DESEMPEÑO PERUANO

El Poder Judicial de Perú tomó en consideración algunos indicadores del Banco Mundial como tópicos de impartición de justicia. Además, desde hace mucho tiempo lleva a cabo la evaluación de sus magistrados y magistradas con base en el desarrollo de diversas herramientas empleadas para medir su desempeño y el de los órganos jurisdiccionales, así como para determinar cuáles son los principales retos y las propuestas de mejora. En este sentido, Manuel Bernales señala que, para la correcta calificación del actuar del funcionario judicial:

> Toda institución pública o privada debe contar con mecanismos que le permitan evaluar el desempeño de su personal para garantizar los niveles adecuados de eficacia, en la línea de plantear las medidas correctivas para superar los problemas advertidos, así como para tomar acciones apremiantes para incentivar las buenas prácticas (Bernales, 2016: 38).

En este marco, las instituciones peruanas se enfocaron en cuestiones relativas a la necesidad de que la evaluación de los jueces se realizara únicamente por otros jueces, la pertinencia de que en esa tarea se involucraran otras instituciones del sistema de justicia o, en términos generales, el modo en que debía hacerse hacer una buena evaluación de los jueces.

En este sentido, la mediación del desempeño en el caso concreto de los magistrados tenía como objetivo central la identificación de los magistrados con el peor desempeño para ayudarlos a mejorar, así como señal a los mejores para sistematizar sus buenas prácticas y difundirlas. Con base en este planteamiento, se llegó a la conclusión que la evaluación debía ser:

1. Clara: todos, tanto los jueces como los ciudadanos, deben entenderla.
2. Transparente: debe permitir rendir cuentas ante el ciudadano y mantenerlo informado.
3. Inteligente: exige la utilización de las últimas tecnologías de información.
4. Efectiva: debe demostrar mejoras.

Se ha señalado que esta «evaluación y ratificación es, a través de su jurisprudencia, vinculante y [debe evitar] el *overruling*» (Bernales, 2016: 38) De igual forma, los procesos de ratificación de magistrados en el país andino corren a a cargo del Consejo Nacional de la Magistratura, cuyas decisiones se basan en criterios de mérito y son adoptadas a través de la mediación o el diálogo, como se expone a continuación:

Tabla 2. Control disciplinario vs. evaluación del desempeño

Control disciplinario	Mediación del desempeño
Sancionar	Mejorar
Sancionar o destituir	Capacitar o sistematizar buenas prácticas
Coerción	Confianza
Operativos de control y visitas inopinadas	Mediación por indicadores y comparación de estándares
Bases de datos que brinden información sobre enriquecimiento ilícito	Bases de datos sobre el flujo de expedientes

Fuente: Bernales (2016)

Es destacable el hecho que el control disciplinario sea de carácter sancionador, mientras que el análisis del desempeño de los magistrados reenvíe al criterio de mejora continua, ya que responde a la naturaleza de los modelos de medición o evaluación del desempeño. Por otro lado, el sondeo sobre el desempeño se mide con base en indicadores mixtos que ofrecen un panorama más eficiente que una simple descarga procesal, como se explica en la siguiente tabla:

Tabla 3. Comparación entre una oficina de descarga y otra de medición del desempeño

Criterios	Descarga procesal	Medición de desempeño
Criterio central	Volumen de expedientes	Indicadores de eficiencia
Objetivo operativo	Fijación de metas de producción	Determinación de casos de éxito para su replicación
Clave del desarrollo	Trabajo con oficinas distritales de productividad	Portal geo-referenciado inteligente a base de información centralizada
Desarrollos prioritarios	Análisis de productividad y carga	Modelos de gestión del despacho
Acciones claves	Conversión, reubicación y creación de órganos jurisdiccionales.	Sistematización de mejores prácticas.

Fuente: Bernales (2016)

Cabe destacar que, en el rubro «Criterio central», la medición del desempeño aplica y genera indicadores de eficiencia, y presenta una gran divergencia con el cumplimiento de desahogo de expedientes, donde el trabajo de oficina se concentra en metas de producción sin que la mejora de las prácticas interese a futuro.

En este sentido, Idalberto Chiavenato señalaba en 1999 que «si un programa de evaluación del desempeño está bien planteado, coordinado y desarrollado, proporcionará beneficios a los distintos entes de una sociedad. Estos beneficiarios son: el jefe, la organización y la comunidad. Ahora bien, la responsabilidad por evaluación del desempeño humano no puede delegarse al jefe, sino también al trabajador y a la organización» (citado por Bernales, 2016: 14)

Esta consideración evidencia que todo modelo o sistema de evaluación del desempeño involucra a todos los agentes activos que intervienen en los resultados de determinada organización o institución. En este sentido, la siguiente tabla —que sintetiza la experiencia peruana— confirma que la medición del desempeño es un factor de «sanidad» laboral y, sobre todo, de crecimiento organizacional.

Tabla 4. Medir al juez o al órgano jurisdiccional

Tipo de medición	Medición individual	Medición de una unidad organizacional
Presupuestos	Hay un buen diseño organizacional	Se pueden comparar los resultados de diferentes unidades
Metodología	Enfoque por competencias	Basada en estándares o indicadores
Requisitos	Se requiere desarrollar una descripción por competencias de los puestos	Requiere de sistemas de información y procesos homogeneizados para cuantificar el desempeño
Dificultad de implementación	Más difícil	Más fácil

Tipo de medición	**Medición individual**	**Medición de una unidad organizacional**
Ventajas	Permite identificar brechas individuales del desempeño real *versus* el desempeño óptimo	Permite ordenar a las unidades organizacionales en función de su desempeño
Desventajas	Un buen desempeño individual no asegura un buen desempeño de su unidad organizacional	Requiere de un trabajo posterior para explicar las causas de la buena o mala *performance*

Fuente: Bernales (2016)

A lo largo de los años, el desarrollo del modelo peruano ha logrado generar y aplicar evaluaciones cuantitativas y cualitativas sobre las que hablaremos líneas más adelante. Sin embargo, debe enfatizarse que el propósito de la presente investigación no es abordar los terrenos de la evaluación cuantitativa —que sin duda es importante—, dado que no es posible aplicarla sin contar previamente con un proceso cualitativo consolidado.

En este rubro, el modelo de justicia peruano diferencia la evaluación cuantitativa —referida a la producción de expedientes resueltos— y la evaluación cualitativa —vinculada a la calidad de las sentencias judiciales—. Por lo demás, se «priorizó la evaluación cuantitativa porque hay una mayor presión para tener impactos con un mayor alcance» (Bernales, 2016: 56). Veámoslo en la siguiente tabla:

Tabla 5. Comparación entre la evaluación cuantitativa y la cualitativa

	Mediación cualitativa	**Mediación cuantitativa**
Implementación	Es más lenta	Es más rápida
Alcance	Acotado y progresivo	General y radical
Know how clave	Abogados y comunicadores	Especialistas en base de datos, estadísticos y expertos en la realidad judicial
Instrumentos	Guías o modelos de elaboración de sentencias	Estándares e indicadores
Validación	Por jueces y abogados	Por especialistas en procesos
Requisitos	Acuerdo entre jueces	Estandarización de las estadísticas

Fuente: Bernales (2016)

A este respecto, Manuel Ignacio Bernales señala que «el sistema de justicia moderna en Perú, con la medición del desempeño judicial, requirió de equipos denominados de reforma, en donde los jueces y los equipos técnicos de tipo estadísticos, programadores y administradores son inseparables, ya que se incorpora la visión normativa con enfoque pragmático, basado en la realidad y posibilidades de la gestión judicial» (*Idem*).

En este sentido, si se lleva a cabo una comparación adecuada, resulta posible extrapolar esta radiografía del caso peruano a las prácticas implementadas en nuestro país, y especialmente a las de nuestra entidad federativa, toda vez que el Poder Judicial del Estado de México cuenta con aquellos recursos humanos y administrativos para iniciar la aplicación de la evaluación del desempeño judicial.

Para finalizar, también es importante destacar que las experiencias en el rubro de evaluación del desempeño judicial o de los impartidores de justicia son diversas. En este sentido, a efectos del contexto y el propósito de la presente investigación se seleccionaron solo aquellas experiencias que comparten realidades con los mecanismos existentes y los avances experimentados en nuestra entidad en el proceso de evaluación de los jueces. Tan es así que, por ejemplo, el Modelo Neerlandés *Lamicie* fue consultado, pero se descartó como referencia, ya que se centra en la medición del volumen del trabajo y no en el desempeño de cada juez. Igualmente, el modelo HMICA implementado en Jordania para la Inspección de la Administración de los Tribunales, un modelo que evalúa el desempeño de los jueces de primera instancia, los jueces de ejecución de sentencias, los magistrados de apelación, los jueces de instrucción y los procuradores generales presenta marcadas diferencias con nuestro sistema de impartición de justicia, razón por la cual el presente texto se enfocó únicamente en los cuatro casos expuestos en este apartado (Finlandia, EE. UU., Costa Rica y Perú).

3. ESQUEMA DE LA INVESTIGACIÓN

El diseño del presente trabajo parte de un análisis de fuentes de informaciones descriptivas y normativas de carácter documental obtenidas a través de varias herramientas —entre ellas, las entrevistas y los cuestionarios aplicados a un universo específico de funcionarios del Poder Judicial del Estado de México—, información concretada en un esbozo derivado del tratamiento específico de los datos. El eje de este instrumento gira en torno al estudio de las funciones del poder judicial mexiquense, para tratar de establecer un sistema basado en méritos que suministre parámetros capaces de identificar y establecer aspectos del proceso de la carrera judicial, conformada por la selección, promoción, ratificación y evaluación del personal jurisdiccional.

Los distintos métodos —entre ellos, el fenomenológico, el analítico-sintético, el documental y el empírico— aplicados a la población-muestra durante la recopilación de datos fueron utilizados para analizar la información obtenida. Ello permitió una inmediación teórica-conceptual que facilitó no sólo el conocimiento del diseño del sistema de servicio profesional del poder judicial de la entidad, sino también los procesos y las dificultades de su implementación.

El enfoque del estudio fue preponderantemente cualitativo, en coherencia con el carácter documental, normativo e institucional de la investigación, que se ajustó a la tipología propuesta por el enfoque metodológico de Mario Tantaleán. No obstante, a lo largo de este apartado también se presenta una breve descripción cuantitativa de los datos obtenidos cuyo objeto es proporcionar aportes relevantes de forma representativa.

La investigación de campo partió de la premisa de que los avances respecto al tópico de la carrera judicial y la evaluación del desempeño judicial son limitados. Por ello, se trató de examinar el fenómeno de diversas maneras tomando como referencia la muestra seleccionada, a saber, los servidores judiciales que se asistieron al Seminario de Derecho y Política, que impartió el Centro de Investigaciones Judiciales.

La técnica metodológica aplicada consistió en un cuestionario de carácter mixto conformado por preguntas cerradas de respuesta dual (sí o no) o por opciones concretas, y por preguntas abiertas que debían ser respondidas de manera libre por el servidor judicial encuestado.

Dicho cuestionario estaba integrado por trece preguntas, de las que dos —la número once y la trece— eran de carácter abierto y el resto de tipo cerrado. La estructura y los resultados serán desglosados más adelante.

El objetivo era identificar la necesidad de aplicar la evaluación del desempeño laboral a los servidores públicos de la carrera judicial del Poder Judicial del Estado de México, así como proponer el diseño de un método de evaluación de su labor en el proceso de ratificación de los juzgadores y las juzgadoras que permitiera valorar el cumplimiento cualitativo y cuantitativo de sus funciones de manera individual (y, posteriormente, de forma colectiva) a fin de contribuir a robustecer la eficiencia, la eficacia la y calidad de la Administración y procuración de justicia.

3.1. DIAGNÓSTICO

Para la realización de un diagnóstico debe examinarse, de inicio, el contexto nacional del Sistema de Evaluación del Desempeño Judicial. En este sentido, al revisar las legislaciones de cada Poder Judicial local se identificaron los siguientes casos:

De los treinta y dos poderes judiciales, incluyendo el del estado de México, ocho de ellos prevén en su legislación la figura del Sistema de Evaluación del Desempeño Laboral o establecen un sistema de estímulos a través del desempeño laboral o profesional. Las entidades que cuentan con este tipo de normativas son:

— Chiapas (artículo 63, fr. II, de la Ley Orgánica del Poder Judicial).

— Coahuila de Zaragoza (artículo 68 de la Ley Orgánica del Poder Judicial).

— Colima (artículo 52 del Reglamento de la Carrera Judicial).

— Guanajuato (artículo 75 de la Ley Orgánica del Poder Judicial).

— Hidalgo (artículo 166 del Reglamento de la Ley Orgánica del Poder Judicial).

— Jalisco (artículo 77 del Reglamento Interno del Consejo General del Poder Judicial).

— Querétaro (artículo 135, fr. VI, y 142 de la Ley Orgánica del Poder Judicial; Sistema de Evaluación Institucional del Servicio Judicial de Carrera).

Como puede observarse, Querétaro resultó ser el más específico al momento de considerar dicho sistema o modelo de evaluación, aunque esto sucede solo de manera enunciativa, ya que, tras buscar especificaciones en la Ley Orgánica y de disposiciones de carácter secundario, no existe una información más detallada.

Por otro lado, al tratarse de un modelo destinado a aplicarse en el Poder Judicial del Estado de México, sin duda alguna se requiere un marco basado en estadísticas. En este ámbito, de acuerdo con el Informe de Labores del año 2021 del presidente del Tribunal Superior de Justicia del Estado de México, se obtuvieron las siguientes cifras, que se detallan en la Figura 1:

— 5,706 servidores públicos conforman en su totalidad el Poder Judicial local.

— Existen 57 magistrados/magistradas de acuerdo con la Circular 04/2022 de fecha 21 de enero del 2022.

— Hay 407 jueces, y

—Se encuentran 3,773 personas de apoyo a la función jurisdiccional

(Informe de Labores del Poder Judicial del Estado de México, 2021)

Figura 1. División de labores dentro del Poder Judicial mexiquense

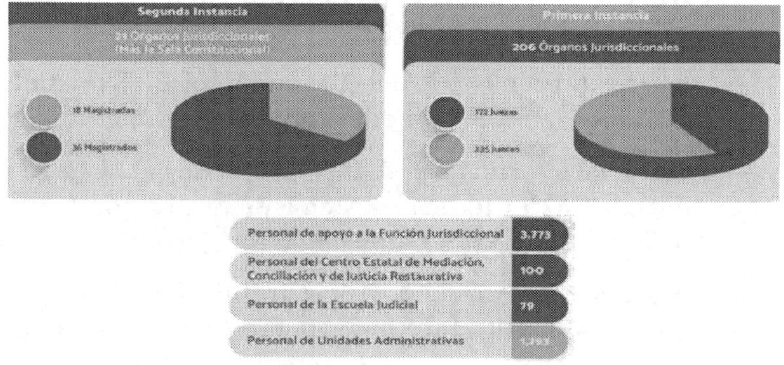

Fuente: Informe de Labores del Poder Judicial del Estado de México (2021)

Para los propósitos de la presente investigación, en este rubro el universo a tomar en consideración eran inicialmente los 407 juzgadores del estado, ya que el proceso de ratificación es diferente y aproximadamente cada año alrededor de cien jueces que someterse a la evaluación sexenal de su desempeño para obtener la respectiva ratificación.

En un intento de acercamiento a la totalidad de los jueces, mediante el oficio DCI/3013516000/039/2022, dirigido a la Secretaría General de Acuerdos, en septiembre de 2022 se solicitó

> el préstamo de 50 expedientes laborales, de jueces y juezas (25 de la Materia Civil y 25 de Penal) con vencimiento de nombramiento en el año 2023; expedientes elegidos aleatoriamente; con el propósito de obtener una población muestra de la formación y capacitación que han recibido de la Escuela Judicial y de otras instituciones coadyuvantes a la enseñanza jurídica que hayan recibido dichos servidores públicos; así como el número de ocasiones que se han sometido a concurso de oposición y/o ratificación del cargo.

Sin embargo, hasta la fecha la respuesta de la Secretaría General de Acuerdos no ha respondido a la solicitud. En cualquier caso, y para no atrofiar el desarrollo de la investigación, se procedió a reconsiderar una población-muestra de menor tamaño que contara solamente con algunos servidores públicos adscritos al Poder Judicial de la entidad que acudieron al antes citado Seminario de Derecho y Política convocado por el Centro de Investigaciones Judiciales. Todos ellos cooperaron de manera encomiable a la hora de responder a la encuesta.

3.2. CONFORMACIÓN DE LA MUESTRA

El universo de funcionarios encuestados se integró por un total de diecinueve personas —que, como acaba de señalarse, asistieron al Seminario de Derecho y Política, y que amablemente aceptaron colaborar con la presente investigación—. En la clasificación de la muestra de funcionarios jurisdiccionales se adoptaron los siguientes criterios:

1. Tipo de cargo y categoría judicial: se seleccionó de manera aleatoria a jueces y a personal jurisdiccional.
2. Adscripción o lugar de procedencia: el propósito fue acreditar su pertenencia o adscripción al Poder Judicial de la entidad federativa.
3. Antigüedad en la institución: el objetivo era identificar aquellos servidores públicos con más de cinco años de adscripción, vínculo temporal que refleja una mayor identificación y compromiso institucional.

La importancia del conjunto de encuestados para el presente proyecto radica en que constituye un universo ideal que nos permite obtener elementos o indicadores que posibilitan la generación un modelo pertinente de evaluación judicial.

3.3. MATERIAL Y MÉTODOS

El mecanismo de acción de la investigación de campo consistió en conjuntar las diversas fuentes de campo —los cuestionarios y las entrevistas presenciales a funcionarios judiciales— con las referencias de tipo documental. La información fue recolectada entre febrero y octubre de 2022, y el esquema de recopilación de otros datos se llevó a cabo en diferentes etapas.

En la primera fase se hizo una selección de diversas fuentes de información de carácter documental para contextualizar el fenómeno en el marco tanto de los parámetros internacionales como del nacional y de los diversos poderes judiciales locales. Posteriormente, se trabajó en la construcción de un repositorio teórico-informativo de los procesos de evaluación en los tribunales de justicia, así como de las tendencias metodológicas de los modelos de evaluación del desempeño laboral en el ámbito judicial.

La segunda etapa consistió en la realización del levantamiento de información de campo a través del cuestionario de tipo mixto que, como se ha señalado, contenía preguntas cerradas y abiertas, y que fue aplicado a los asistentes del Seminario de Derecho y Política, todos ellos funcionarios jurisdiccionales.

La última etapa consistió en sistematizar la información mediante la ordenación, la clasificación y el tratamiento estadístico de las respuestas obtenidas de la muestra de servidores públicos entrevistados.

3.4. INFORMACIÓN ESTADÍSTICA DEL ESTUDIO

No es superfluo comentar que la fuente de la estadística descriptiva es de elaboración propia y que su base es la instrumentación del cuestionario aplicado a funcionarios jurisdiccionales en el Poder Judicial del Estado de México. A continuación, se presentan los resultados:

Género de los encuestados

■ Femenino ■ Masculino

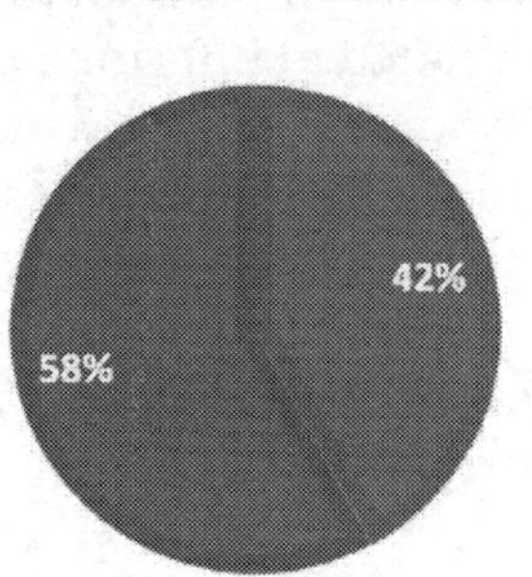

En este rubro puede observarse un acercamiento a la paridad de género que exigen las legislaciones internacionales y nacionales, ya que la gráfica refleja una diferencia de solo un 16 % de servidores públicos judiciales entrevistados que pertenecen al sexo masculino.

Además, debe reconocerse que, en lo que respecta a la paridad de género en los cargos judiciales del Poder Judicial del Estado de México, a lo largo de varios años se ha logrado un cierto equilibrio laboral, un dato especialmente relevante si se considera que se tratarse de uno de los poderes judiciales locales con mayor número de servidores públicos adscritos en la República mexicana.

Antigüedad en la institución

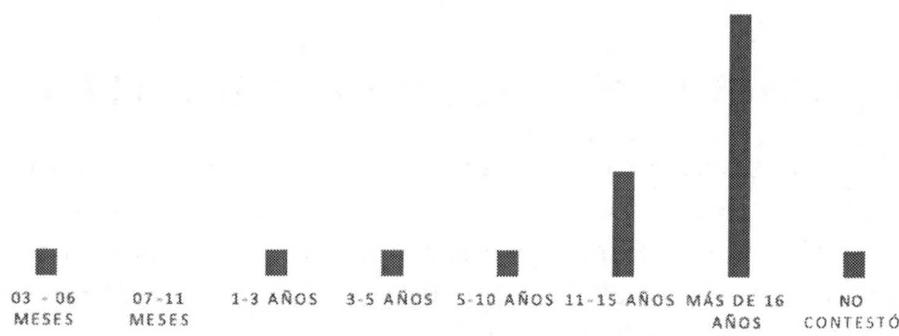

Resulta interesante que, como se observa en la gráfica, la vinculación laboral al Poder Judicial de mayoría de los encuestados sea de más de una década, mientras solo una minoría tenga una antigüedad inferior a cinco años. El dato evidencia que las respuestas de estos servidores públicos son altamente relevantes, dado que ya están familiarizados con los primeros procesos de la carrera judicial y que su experiencia profesional dentro de la institución les permite identificar con mayor acuidad los procesos que deben ser fortalecidos o transformados.

Nivel académico

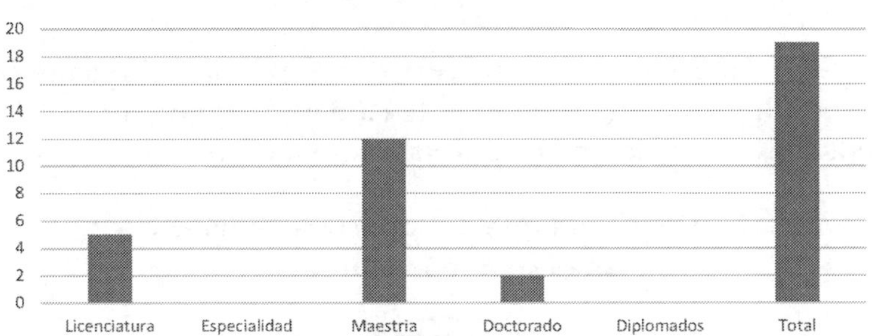

Por lo que respecta al rubro relativo al perfil académico, de un total de diecinueve encuestados, doce cuentan con estudios de maestría, cinco con licenciatura y dos con formación doctoral. A la luz estos datos, es evidente que la tendencia del servidor judicial del Estado de México es continuar con su preparación y transitar directamente hacia los estudios de posgrado: las especialidades no resultan ser atractivas, entre otras razones porque su duración es la misma que los estudios de maestría, circunstancia que determina su preferencia por estos últimos.

Otro dato relevante que arroja la comparación de tipo documental es el hecho de que, junto con el de la Ciudad de México, el Poder Judicial del Estado de México cuenta con el mayor número de servidores públicos con estudios de posgrado, a diferencia de otros poderes judiciales locales, en cuyo personal se observa un bajo índice de estudios avanzados.

En otras palabras, la profesionalización y la especialización es una meta común en el perfil del servidor judicial mexiquense que le permite acceder a procesos de evaluación como el que se plantea en el presente trabajo de investigación.

Una vez identificados y analizados los datos del cuestionario que se aplicó durante el mes de septiembre del año

2022, se procedió a obtener la información específica en cada pregunta.

En primer término, los servidores públicos judiciales respondieron a una pregunta de carácter cerrado, es decir, una cuestión en la que respuesta solo puede ser «sí» o «no».

1. ¿Considera que es importante conocer su desempeño laboral?

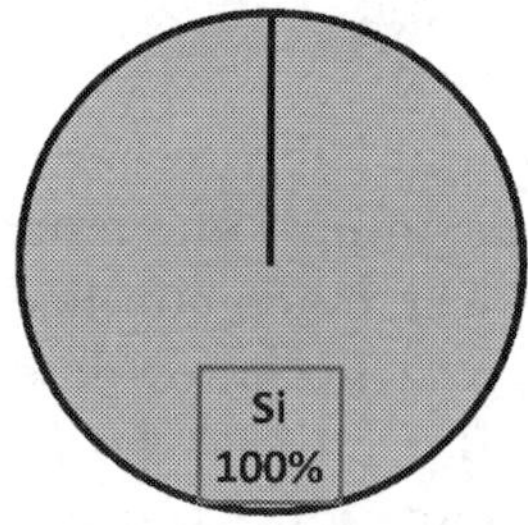

Mediante la formulación de la pregunta 1 del presente proyecto de investigación se identificó la aceptación del proceso de evaluación del desempeño judicial en el 100 % de los encuestados, dato que refleja una cultura favorable al conocimiento del ejercicio de su propia labor profesional.

El cuestionamiento número 2, de tipo abierto, fue diseñado con el propósito de identificar el cargo y la adscripción al Poder Judicial del Estado de México, toda vez que el multicitado Seminario de Derecho y Político contó también con asistentes externos a dicha institución.

2. Proporcione su cargo y lugar de adscripción

ENCUESTADO	RESPUESTA	
	Cargo	Lugar de adscripción
1	Oficial judicial	Juzgado Primero Civil de Jilotepec

ENCUESTADO	RESPUESTA	
	Cargo	**Lugar de adscripción**
2	Juez	Juzgado Primero Familiar de Toluca
3	Juez	Juzgado cuarto familiar de Toluca con residencia en Metepec
4	Juez	Juzgado Tercero Familiar de Toluca
5	Juez	Juzgado Primero Mercantil Xalatlaco
6	Juez	Juzgado Quinto Familiar de Toluca
7	Juez	Juzgado Primero Mercantil de Tlalnepantla
8	Juez	Juzgado Segundo Civil de Tenango del Valle con residencia en Tianguistengo
9	Juez	Juzgado Sexto Mercantil de Tlalnepantla con residencia en Naucalpan
10	Juez	Juez Noveno Civil de Tlalnepantla con residencia en Huixquilucan
11	Juez	Juez Primero Civil del Distrito Judicial de Ixtlahuaca
12	Juez	Juzgado en línea
13	Juez	Juez Cuarto Civil de Lerma (Xonacatlán)
14	Juez	Juzgado de Tlalnepantla

ENCUESTADO	RESPUESTA	
	Cargo	**Lugar de adscripción**
15	Juez	Juzgado Quinto familiar de Ecatepec
16	Técnico Judicial	Primera Sala Civil de Toluca
17	Juez	Juzgado en línea
18	Juez	Juzgado Primero Civil de Tenango del Valle
19	Juez	Juzgado Noveno Civil de Huixquilucan

En esta tabla puede observarse que el 100 % de los encuestados cuentan con el nombramiento y perfil de juez, un dato idóneo desde el momento en que el objeto de la presente investigación trata de descartar sesgos informativos que arrojen datos poco útiles en relación con el modelo de evaluación propuesto al final del presente volumen.

En tercer lugar, se formuló otra pregunta (3) de carácter «abierto» referida a la evaluación de las actividades laborales de los impartidores de justicia al objeto de determinar la calidad del desempeño laboral en la institución.

3. ¿Quién evalúa su desempeño laboral?

ENCUESTADO	RESPUESTA
1	Juez
2	Tribunal de alzada y Consejo de la Judicatura
3	Consejo de la Judicatura
4	Jefe inmediato superior
5	Sala

ENCUESTADO	RESPUESTA
6	Sala familiar, la autoridad federal y la Visitaduría Familiar
7	Salas Civiles
8	Consejo de la Judicatura y Visitaduría
9	Magistrados, Consejo y Presidencia
10	Consejo de la Judicatura y Visitaduría
11	Magistrados Civiles y Familiares y Consejo de la Judicatura
12	Salas Civiles y Visitaduría Civil
13	Consejo de la Judicatura
14	Consejo de la Judicatura
15	Consejo de la Judicatura
16	
17	
18	Visitaduría y Magistrados de Tribunal de alzada
19	Magistrados y Consejo de la Judicatura

Esta pregunta es muy relevante, ya que en ella se identifica la figura de la visitaduría, formalizada *de facto* y normada en 2021, circunstancia que, a nivel nacional, posiciona a los poderes judiciales como entes públicos abiertos a la vigilancia de las actividades de sus integrantes, escrutinio que, a su vez, propicia el logro de la retroalimentación correspondiente.

Otro elemento destacable en estas respuestas es el que refleja la opinión de los magistrados que fungen como los superiores jerárquicos de los juzgadores en la estructura la carrera judicial en México. Los datos obtenidos contribuyen a identificar una responsabilidad tácita y *de facto* que, aunque no está explícitamente regulada en la Ley Orgánica del Poder Judicial o en disposiciones secundarias, se infiere de los comentarios de los encuestados y muestra que, por inercia o por costumbre, se ha realizado una evaluación continua, pero dispersa y asimétrica en lo que respecta a sus criterios, lo cual evidencia la necesidad de contar con un modelo ex profeso que homologue los indicadores o criterios evaluativos de la figura del juzgador.

Por otro lado, un factor determinante para la consolidación de evaluación es la frecuencia con la que los servidores públicos judiciales suministran esa información. Este extremo se analiza en la pregunta 4 de nuestro cuestionario:

4. ¿Con qué frecuencia se evalúa el desempeño laboral?

ENCUESTADO	RESPUESTA
1	Mensualmente
2	Cada seis meses
3	Cada seis meses
4	Cada seis meses
5	Diario
6	Cada seis meses o cuando llega un recurso
7	Cada seis meses
8	5 años para ratificación y dos veces al año para revisión periódica
9	Cada seis meses
10	Cada seis meses (Visitaduría)
11	Cada seis meses
12	Semestralmente
13	Cada seis meses

ENCUESTADO	RESPUESTA
14	Cada mes
15	
16	
17	
18	Muy frecuentemente
19	Frecuentemente

Debe enfatizarse que las respuestas son satisfactorias, ya que reflejan la idoneidad de las temporalidades para cualquier proceso de evaluación, lo que en términos coloquiales puede definirse como tierra fértil para todo tipo de calificaciones.

Por otro lado, siempre que se aborda el asunto de las evaluaciones, la disposición y la motivación del sujeto evaluado es de suma importancia, pues tanto si las respuestas revelan resistencia o aceptación impactan en la precisión de los sistemas evaluativos.

5. ¿Le motiva que se analice su comportamiento como empleado?

La respuesta afirmativa de la totalidad de los entrevistados sobre la motivación que obtienen cuando su comportamiento y su desempeño como empleados públicos son evaluados refleja las buenas costumbres evaluativas del poder judicial local articuladas por administraciones anteriores y que hoy en día favorecen tal aceptación. Se trata de un factor importante en la implementación de los sistemas, procesos y modelos orientados a la mejora del desempeño judicial que contribuye a disipar las renuencias a las evaluaciones del desempeño en dicha institución.

Los expertos en procesos y sistemas de evaluación señalan que tanto el evaluador como el evaluado, en su condición de «elementos primarios», deben conocer e identificar las funciones, actividades y responsabilidades que desempeñan o que deben ejercer. En caso contrario, los resultados de la evaluación no serían acertados ni adecuados. Por tal razón, la pregunta número seis (6) se formuló del siguiente modo:

6. ¿Tiene claro cuáles son las funciones que debe cumplir en su trabajo?

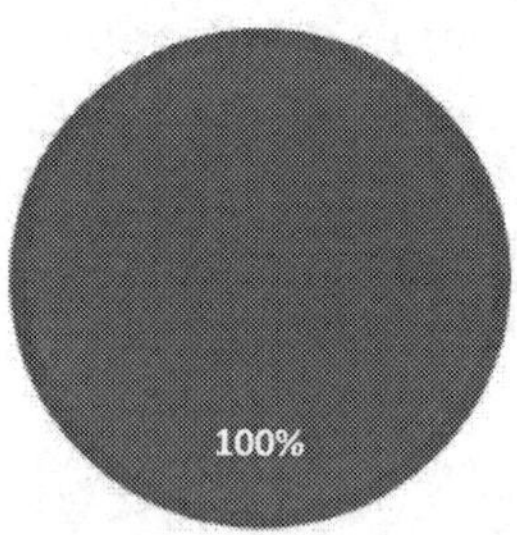

Las respuestas a esta pregunta evidenciaron el hecho de que ningún juzgador realiza sus funciones de manera improvisada, sin apego a sus responsabilidades legales u orillando los conocimientos prácticos que exige el ejercicio del cargo que ostenta. Ello constituye una manifestación de la preparación, la formación y la actualización que han recibido del Poder Judicial mexiquense y una seña de identidad de la institución, así como la expresión de la fortaleza institucional que permite la implementación de sistemas de evaluación específicos para cada perfil o categoría.

7. ¿De qué manera se le dieron a conocer las funciones de su puesto de trabajo?

ENCUESTADO	RECIBÍ UNA CAPACITACIÓN	ME EXPLICÓ MII JEFE INMEDIATO	ME EXPLICÓ UN COMPAÑERO DE TRABAJO	ME PROPORCIONARON EL MANUAL DE FUNCIONES Y ME CAPACITARON	NINGUNA DE LAS ANTERIORES
1		x		x	
2	x				
3	x				
4		x			
5					x
6			x	x	
7					x
8	x			x	
9	x			X	
10	x			x	
11					X mis estudios
12	x				
13				x	
14	x				

ENCUESTADO	RECIBÍ UNA CAPACITACIÓN	ME EXPLICÓ MII JEFE INMEDIATO	ME EXPLICÓ UN COMPAÑERO DE TRABAJO	ME PROPORCIONARON EL MANUAL DE FUNCIONES Y ME CAPACITARON	NINGUNA DE LAS ANTERIORES
15				x	
16			x		
17	x	x	x	x	
18	x				
19	x			x	

En la pregunta 7 puede observarse que las respuestas predominantes fueron las siguientes: «Recibí una capacitación» y «Me proporcionaron el Manual de Funciones y me capacitaron». Por tal razón, la panorámica que arrojan dichos resultados es positiva, ya que ningún juzgador realiza o ha realizado sus funciones jurisdiccionales sin conocimiento y sin preparación específicos. También es una fortaleza significativa en tópicos de la evaluación, pues conlleva el afianzamiento de la profesionalización.

La siguiente pregunta (8) se planteó con el propósito de conocer la percepción de los servidores judiciales mexiquenses respecto a la teleología que debe guiar la evaluación de su desempeño, que responde a perfiles profesionales muy concretos, rasgo en el que estriba la relevancia y el valor de las preguntas dirigidas a los funcionarios.

8. Para usted, ¿cuál debe ser el objetivo principal de la evaluación de desempeño?

ENCUESTADO	RECONOCER EL BUEN DESEMPEÑO DE LOS EMPLEADOS	MEJORAR LA CALIDAD EN EL SERVICIO PÚBLICO	OTORGAR INCENTIVOS A LOS EMPLEADOS	FORTALECER EL RENDIMIENTO DE LOS EMPLEADOS	CONOCER LAS FORTALEZAS Y DEBILIDADES DEL PERSONAL	TODAS LAS ANTERIORES.
1						x
2						x
3						x
4						x
5		x	x		x	
6						x
7						x
8	x	x				
9						x
10						x
11		x				
12		x				
13						x
14		x				
15						x
16	x					

ENCUESTADO	RECONOCER EL BUEN DESEMPEÑO DE LOS EMPLEADOS	MEJORAR LA CALIDAD EN EL SERVICIO PÚBLICO	OTORGAR INCENTIVOS A LOS EMPLEADOS	FORTALECER EL RENDIMIENTO DE LOS EMPLEADOS	CONOCER LAS FORTALEZAS Y DEBILIDADES DEL PERSONAL	TODAS LAS ANTERIORES.
17		x		x		
18						x
19		x				

Once de los diecinueve encuestados identifican todos los beneficios que conlleva la evaluación de su desempeño tanto desde la perspectiva individual —desde el reconocimiento hasta la autoconciencia de su propio rendimiento— como institucional —es decir, la mejora en la calidad en el servicio público y la incentivación laboral—.

En la mente de la persona sometida a examen, la evaluación siempre se asocia a lo que va a obtener. Por ende, en la siguiente pregunta (9) se ofrecieron seis posibles opciones de los aspectos positivos de la evaluación del desempeño laboral. Los servidores judiciales tenían que señalar con el número 1 la respuesta que consideraban más importante y con el número 6 la que estimaban de menor relevancia.

En las respuestas obtenidas, puede observarse que el encuestado número once únicamente señaló con el símbolo de «paloma« la opción de beneficio con la que se identificaba y que dejó en blanco los demás rubros.

9. ¿Cuáles considera que son los principales beneficios al realizar una evaluación del desempeño laboral?

ENCUESTADO	CAPACITACIONES	ASCENSOS	AUMENTOS SALARIALES	MEJORAMIENTO DE RELACIONES HUMANAS	MEJORAR LA PRESTACIÓN DE SERVICIOS	RETROALIMENTACIÓN
1	3	5	4	2	1	6
2	4	5	6	3	1	2
3	1	3	4	5	2	6
4	4	5	6	1	2	3
5	1	6	5	4	3	2
6	2	4	5	6	1	3
7	1	5	6	4	3	2
8	2	3	5	6	1	4
9	2	1	6	5	3	4
10	4	2	3	1	5	6
11	—	—	—	—	—	—
12	3	4	5	6	1	2
13	3	1	4	6	2	5
14	5	4	3	2	6	1
15	1	2	4	3	5	6
16	6	4	5	1	3	2
17	1	6	5	4	2	3
18	2	4	5	6	1	3
19	5	2	3	4	1	6

Esta tabla muestra claramente que la recompensa relacionada con el ascenso es el beneficio más tangible de la realización de la evaluación, lo cual refleja la estabilidad laboral de la que los servidores judiciales gozan al saberse merecedores de crecimiento y reconocimiento por su adecuado desempeño. Por su parte, el aumento salarial es lo que el servidor público busca en segundo término en las evaluaciones de su desempeño que le son aplicadas. En tercer lugar, las capacitaciones se asocian a una especie de «inversión de crecimiento laboral» redituable tanto para el servidor público como para la institución.

Los resultados de la pregunta 9 son positivos, en la medida en que reflejan que los servidores judiciales están a favor de las evaluaciones de desempeño, una disposición favorable que permite y permitirá no solo la mejora en la profesionalización, sino también el cumplimiento de los estándares internacionales.

10. Enumere del uno al ocho los factores principales, según su importancia, que deben ser tomados en cuenta para evaluar el desempeño. Señale en orden jerárquico, donde 1 es el más importante y el 8 es el menos importante

	RESPUESTA							
ENCUESTADO	Calidad del trabajo	Capacitación y profesionalización	Iniciativa Integridad y Liderazgo	Cooperación	Trabajo colaborativo	Cumplimiento de normas	Relaciones laborales	Experiencia del trabajo
1	1	2	3	6	4	7	5	8
2	1	2	7	8	3	4	6	5
3	2	1	3	7	4	5	8	6

	RESPUESTA							
ENCUESTADO	**Calidad del trabajo**	**Capacitación y profesionalización**	**Iniciativa Integridad y Liderazgo**	**Cooperación**	**Trabajo colaborativo**	**Cumplimiento de normas**	**Relaciones laborales**	**Experiencia del trabajo**
4	7	8	3	5	4	6	1	2
5	2	4	3	6	7	5	8	1
6	1	4	3	7	6	2	8	5
7	5	4	3	7	6	2	8	1
8	1	4	3	7	8	5	6	2
9	2	1	3	7	5	4	8	6
10	1	4	2	3	7	6	5	8
11	no	contestó	—	—	—	—	—	—
12	1	3	2	6	7	4	8	5
13	2	3	1	8	7	5	6	4
14	8	7	5	2	1	6	3	4
15	1						8	
16	1	3	2	4	5	8	7	6
17	2	1	6	7	5	4	8	3
18	1	3	2	6	7	4	8	5
19	3	1	2	6	4	8	5	7

La interpretación de los resultados de la pregunta 10 indica que los juzgadores encuestados consideran que la calidad del trabajo es el factor más importante en la evaluación su desempeño, lo cual es totalmente sensato, ya que, por así decirlo, este el producto que socialmente entregan son sus sentencias. Sin embargo, para llegar a tal conclusión se abordan distintas etapas que también están constantemente sometidas al escrutinio o la evaluación de los ciudadanos, de sus subordinados y de sus superiores jerárquicos.

La iniciativa, la integridad y el liderazgo fueron considerados por el grupo-muestra como el segundo factor principal en la evaluación de su desempeño. Sin duda alguna, en el seno del poder judicial se sabe que esas cualidades son determinantes para que el juzgador realice sus labores de manera diligente.

En tercer término, los encuestados señalaron que tanto la capacitación como la profesionalización son elementos determinantes en la evaluación de su desempeño que, además, dan cumplimiento a las disposiciones nacionales y locales respecto a la carrera judicial.

El apego a la normatividad ocupa el cuarto lugar de las ocho posiciones, mientras que la experiencia del trabajo se ubica en el quinto lugar, seguida de la cooperación y el trabajo colaborativo. Finalmente, los entrevistados señalaron que las relaciones laborales son el factor menos relevante en una evaluación del desempeño. Claro está que esto no significa que este rubro no pueda o no deba evaluarse, sino simplemente que, para la figura del juzgador, es un elemento que, aunque no sea positivo, no le impide generar el producto laboral de su desempeño.

11. Proporcione el nombre de las tres últimas capacitaciones que recibió en la Escuela Judicial

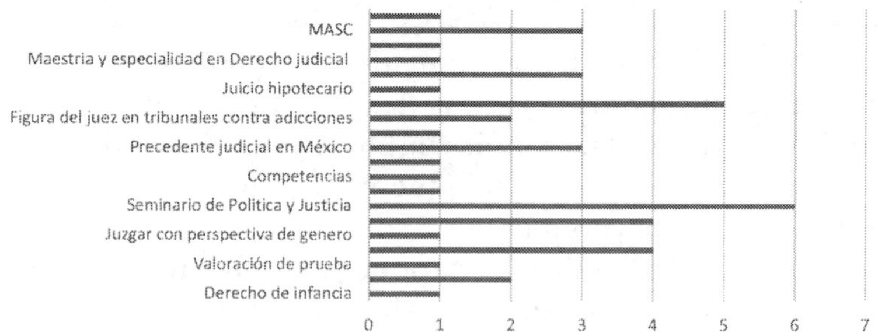

El numeral 11 planteó una pregunta abierta en cuyas respuestas se identificó un hecho destacable: todos los entrevistados citaron al menos tres capacitaciones tomadas de manera reciente. Este resultado evidencia a las claras que la Escuela Judicial ha cumplido su misión a pesar de que tuvo que enfrentar la pandemia de COVID-19, crisis durante la que, cabe destacarlo, el centro de formación utilizó herramientas tecnológicas para realizar los cursos a los que hicieron referencia los encuestados.

12. ¿En qué ocasiones ha utilizado, con valor curricular, los reconocimientos de los cursos realizados en la Escuela Judicial del Estado de México?

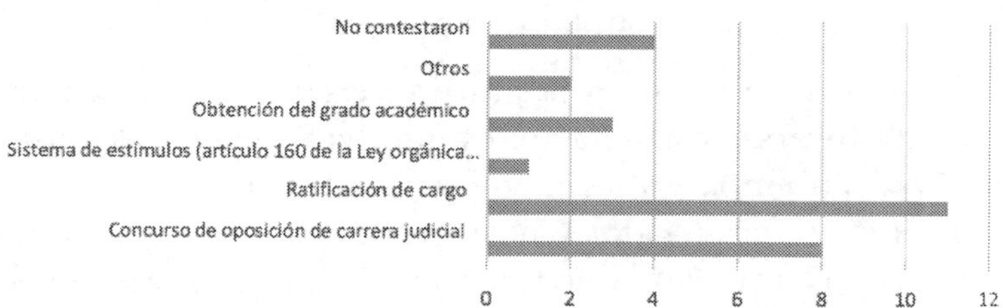

Resulta interesante que la mayoría de los servidores judiciales han concluido los procesos de ratificación de su cargo mediante la acreditación de su actualización académica y práctica, característica que los aleja del estereotipo de servidores públicos únicamente «de escritorio» y ajenos a las exigencias legales y colectivas. En segundo lugar, se observa un frecuente empleo de los cursos recibidos en el momento de participar en concursos de oposición a la carrera judicial, mientras que en un tercer aspecto destacable es el uso del reconocimiento de un seminario tomado para la obtención de un grado académico aun si este ha sido cursado en una institución externa al Poder Judicial.

Por otro lado, dentro del Sistema de Estímulos del Poder Judicial es relativamente baja la frecuencia en que se utilizan los reconocimientos obtenidos en los cursos que se realizan en la Escuela Judicial del Estado de México. Ello refleja que los juzgadores han interiorizado y comprendido que su labor requiere una constante preparación que les permitirá conservar su cargo por muchos años y que visualizar únicamente la meta a corto plazo de un mero estímulo económico no es una buena actitud o estrategia de acción en la carrera. En otras palabras, el Poder Judicial cuenta con recursos humanos valiosos debido a que sus miembros están convencidos de la importancia de la de preparación y bien dispuestos a que su desempeño específico sea adecuadamente evaluado.

Es asimismo pertinente detenerse en los casos de aquellos encuestados que no respondieron, ya que esta pregunta de opción múltiple es un tanto compleja.

Como puede verse en la gráfica, se citaron de manera concreta diversas capacitaciones que han recibido los juzgadores. Sin embargo, es menester centrarse en los cinco cursos más referenciados y no considerar el Seminario de Política y Justicia, dado que fue el espacio en el que se recopiló la información.

El curso de la Figura del Juez en Tribunales contra Adicciones fue el más mencionado por la mayoría de los encuestados, seguido por Juzgar con Perspectiva de Género, La Valoración de la Prueba, Juicio Hipotecario, Medios Alternos de Solución al Conflicto y Derecho de Infancia. Esta prelación muestra que los estudios complementarios que han cursado los servidores judiciales —en específico, los que pertenecen a la categoría de juez penal y civil— responden a la necesidad de contar con conocimientos y pautas especializadas para aplicarlas en su desempeño cotidiano. El hecho de tomar cursos tiene la ventaja de que, a través de la capacitación especializada, los operadores jurídicos adquieren competencias para abordar necesidades socio-legales de tipo emergente y actual, en lugar de realizar estudios de posgrado, que exigen mayor tiempo y dedicación a los jueces y que, en muchos casos, les resulta imposible completar debido a la carga de trabajo que soportan y que no pueden descuidar. Puede, por tanto, deducirse que contamos con un personal que, si bien es consciente de que su constante capacitación es necesaria, prefiere resultados expeditos en las capacitaciones o en cursos de actualización.

13. Escriba brevemente la razón por la que está cursando el actual seminario que oferta el Centro de Investigaciones Judiciales.

ENCUESTADO	RESPUESTA
1	Retroalimentación, actualización e interés profesional sobre el tema.
2	Tema de gran importancia.
3	Es importante tener una visión de la imagen que proyectamos como juzgadores.
4	Porque tengo la firme convicción de seguirme preparando.
5	Me convocaron, sin embargo, es un tema interesantísimo.
6	Por capacitación y profesionalización.
7	Es importante mantenerse actualizado para la superación personal y profesional.
8	Se me convocó de manera obligatoria.
9	Es un tema transversal y multidisciplinario.
10	Fui convocado.
11	Fui amablemente convocado por la dirección de Juzgados familiares y civiles.
12	Para mejorar el desarrollo de las labores y generar mejores condiciones de reflexión en el ámbito jurisdiccional.

ENCUESTADO	RESPUESTA
13	Ampliar conocimientos y por orden del Consejo de la Judicatura.
14	Para saber qué percepción tienen las personas del Poder Judicial y qué puedo hacer para mejorar esa percepción.
15	No contestó.
16	No contestó.
17	Conocer más información acerca del tema.
18	Fui convocado, tuve interés en el tema, soy académico y Juez, y el contenido del seminario me es útil.
19	Actualizarme en el tema de independencia judicial.

Por último, cabe señalar que la respuesta más numerosa en el numeral 13 de la encuesta apunta a que la preparación y la actualización del juez estám enfocadas en su desempeño laboral. Sin embargo, en un segundo término aparece la asistencia por convocatoria, es decir, por compromiso laboral, dato que deseo destacar, ya que muestra que la encomiable labor que realizan las visitadurías al invitar a los servidores públicos que requieren alguna capacitación es un factor que coadyuva decisivamente a mejorar su desempeño laboral. Se observa, pues, que el Poder Judicial del Estado de México cuenta con los recursos adecuados para incentivar la profesionalización de sus servidores judiciales, un factor de solidez a la hora de desarrollar cualquier modelo de evaluación del desempeño judicial.

Una vez procesadas las respuestas de la población-muestra de juzgadores en las materias civil y penal, se identificaron los diversas fortalezas y elementos que permitirían realizar una evaluación del desempeño judicial *ad hoc* de estos servidores judiciales y dar, así, cumplimiento a los diversos compromisos y exigencias internacionales establecidos hace más de dos décadas y requeridos a todos los sistemas de impartición de justicia. De esta forma, las nuevas exigencias sociales incentivan a los tribunales de justicia para que apuesten por los procesos de evaluación del desempeño en temas judiciales.

3.5. DIMENSIÓN NORMATIVA

Es necesario recordar que más arriba se analizó el marco normativo de los treinta y dos poderes locales de la República mexicana con el fin de identificar los esquemas y las estructuras de la carrera judicial en el país y, por consiguiente, también en la entidad mexiquense. A tal efecto, se elaboró un cuadro un resumen que sintetiza las áreas o espacios que regulan y llevan a cabo la carrera judicial.

No debemos omitir que, en el caso del Poder Judicial del Estado de México, se citan las categorías de la abrogada Ley Orgánica del Poder Judicial del Estado de México, así como las de la vigente ley (LOPJEM, 2022), toda vez que ha existido una reconfiguración de gran relevancia en la concepción y la conformación de la carrera judicial. Esta evolución nos posiciona como la instancia legal más actualizada y específica respecto a las categorías de la carrera judicial. De esta manera, las normas revisadas incluyeron principalmente dos fuentes:

1) La Ley Orgánica de los poderes judiciales: y

2) Los reglamentos relacionados con la carrera judicial.

Este ejercicio de revisión hizo posible evidenciar los diseños que conglomeran el sistema de la carrera judicial, considerados como la variable independiente de la presente investigación que proporciona las pautas para identificar las circunstancias que influyen en el proceso de ratificación de los juzgadores.

3.6. MATRIZ DE CATEGORÍAS DE LA CARRERA JUDICIAL EN MÉXICO

Como parte del desarrollo de la presente investigación se analizó la diversidad y la divergencia de la conformación de la carrera judicial a lo largo y ancho del país, heterogeneidad que no ha permitido a los poderes judiciales locales avanzar en la misma dirección y con la misma velocidad y que ha generado brechas en la innovación y la homologación del sistema de carrera judicial mexicana, entre ellas la posibilidad de establecer modelos de evaluación del desempeño judicial de manera específica para cada uno de los perfiles profesionales adscritos a los poderes judiciales.

La finalidad de mostrar, a manera de resumen, las diferentes formas de concebir legalmente la carrera judicial en las entidades federativas es ilustrar los avances significativos del Poder Judicial del Estado de México en ese rubro, así como el cumplimiento de la nueva Ley de Carrera Judicial de la Federación.

CARRERA JUDICIAL DE AGUASCALIENTES

CATEGORÍAS	FUNDAMENTACIÓN
De la Carrera Judicial **Artículo 39.** Los nombramientos de los magistrados, jueces y secretarios serán hechos preferentemente entre aquellas personas que hayan prestado sus servicios con eficiencia y probidad en la administración de justicia del Poder Judicial del Estado. **Artículo 40**. La Carrera Judicial consiste en la actualización, promoción y permanencia dentro del Poder Judicial del Estado desde el cargo de actuario, notificador, secretario, juez a magistrado.	Artículos 39 y 40 del Reglamento del Consejo de la Judicatura del Estado de Aguascalientes Publicado el 31 de enero de 2005.

CARRERA JUDICIAL DE BAJA CALIFORNIA

CATEGORÍAS	FUNDAMENTACIÓN
Artículo 199. La Carrera Judicial está integrada por las siguientes categorías: I. Magistrado. II.- Juez. III. Secretario general de Acuerdos del Tribunal Superior de Justicia. IV. Secretario Auxiliar del Tribunal Superior de Justicia. V. Secretario de Estudio y Cuenta adscrito a cada Magistrado que integre Sala. VI. Secretario de Acuerdos y secretario instructor. Fracción Reformada VII. Actuarios y notificadores del Poder Judicial del Estado.	Artículo 199 de la Ley Orgánica del Poder Judicial del Baja California Norte. Publicada en el *Periódico Oficial* No. 49, de fecha 4 de octubre de 1995, Tomo CII.

CARRERA JUDICIAL DE BAJA CALIFORNIA SUR

CATEGORÍAS	FUNDAMENTACIÓN
Artículo 7. La carrera judicial se integra por las siguientes categorías: a) Magistrados; b) Jueces; c) Secretario general de Acuerdos del Tribunal Superior de Justicia; d) Secretarios de estudio y cuenta adscritos a cada magistrado que integran Sala en el Tribunal; e) Secretarios auxiliares del Tribunal Superior de Justicia; f) Secretarios de acuerdos; y g) Actuarios del Poder Judicial.	Artículo 7 del Reglamento de carrera judicial de Baja California Sur. Publicado en el *Periódico Oficial* No. 49, de fecha 10 noviembre de 2000; última reforma publicada en el periodo oficial con fecha 29 de enero de 2016.

CARRERA JUDICIAL DE CAMPECHE

CATEGORÍAS	FUNDAMENTACIÓN
Artículo 210. La Carrera Judicial está integrada por las siguientes categorías: juez de primera instancia; secretario de acuerdos de sala; secretario auxiliar de sala; secretario de acuerdos de primera instancia, mediador; y actuario, facilitador o invitador.	Ley Orgánica del Estado de Campeche, Publicada el 10 agosto 2018.

CARRERA JUDICIAL DE CHIAPAS

CATEGORÍAS	FUNDAMENTACIÓN
Artículo 103. La Carrera Judicial está integrada por las siguientes categorías: I. Actuario o secretario Auxiliar; II. Secretario proyectista o secretario de acuerdo. III. Secretario de estudio y cuenta o secretario general de acuerdos; IV. Juez de Primera Instancia; y V. Las demás categorías que determine el Consejo de la Judicatura. VI. Derogada. VII. Derogada. VIII. Derogada.	Artículo 103 de la Ley Orgánica del Poder Judicial de Chiapas Última Reforma P.O. 17/03/2005

CARRERA JUDICIAL DE CHIHUAHUA

CATEGORÍAS	FUNDAMENTACIÓN
Artículo 15. Los servidores públicos que prestan sus servicios en el poder judicial pueden ser: I. Funcionarios II. Empleados de confianza III. Empleados de Base **Artículo 16**. Son funcionarios: I. Los magistrados.	Artículos 15 y 16 de la Ley Orgánica del Poder Judicial de Chihuahua. Ley publicada en el *Periódico Oficial del Estado* No.1 del 4 de enero de 1989 Decreto No.612/88. P. O.

CATEGORÍAS	FUNDAMENTACIÓN
II. Los jueces. III. El secretario general. IV. El oficial mayor del Supremo Tribunal. V. Los secretarios del supremo tribunal y de los Juzgados. VI. El contralor general. VII. El director estatal de Mediación. VIII. Los subdirectores Regionales del Centro Estatal de Mediación. IX. Los notificadores.	

CARRERA JUDICIAL DE LA CIUDAD DE MÉXICO

CATEGORÍAS	FUNDAMENTACIÓN
Artículo 277. Los cargos judiciales son los siguientes: I. Pasante de Derecho; II. Secretaria o secretario Actuario; III. Oficial Notificadora o Notificador; IV. Secretaria o secretario Proyectista de Juzgado; V. secretaria o secretario conciliador; VI. Secretaria o secretario auxiliar de Juzgado de Proceso Oral en materia Familiar; VII. Secretaria o secretaria (*sic*) de Acuerdos de Juzgado; VIII. Secretaria o secretario Judicial de Juzgado de Proceso Oral, en materia Familiar; IX. Secretaria o secretario Auxiliar de Sala; X. Secretaria o secretario de Acuerdos de Sala; XI. Secretaria o secretario Proyectista de Sala; XII. Jueza o juez; y XIII. Magistrada o magistrado.	Artículo 277 de la Ley Orgánica del Distrito Federal. Ley publicada en el Tomo I al Número 314 de la *Gaceta Oficial de la Ciudad de México* el viernes 4 de mayo de 2018. Decreto por el que se expide la ley orgánica del Poder Judicial de la Ciudad de México.

Resulta evidente que Poder Judicial de la Ciudad de México presenta categorías judiciales más explícitas, lo que lo convierte en un adecuado referente para otras entidades federativas.

CARRERA JUDICIAL DE COLIMA

CATEGORÍAS	FUNDAMENTACIÓN
La Carrera Judicial está integrada por: **Artículo 184**. Por las siguientes categorías: I. Juez de Primera Instancia II. Juez de cuantía menor III. Jefe de causas del sistema acusatorio IV. Secretario de toma de actas del sistema acusatorio V. Secretario de causas del sistema acusatorio VI. Secretario de acuerdos VII. Secretario actuario o notificador	Artículo 184 Decreto No. 405 de la Ley Orgánica del Poder Judicial. Última reforma Decreto 133, P.O. 73, SUP. 3, 22 noviembre 2016. Ley Publicada en el *Periódico Oficial* el «Estado de Colima», P.O. 51, Sup. 3, 08 noviembre de 2014.

CARRERA JUDICIAL DE COAHUILA DE ZARAGOZA

CATEGORÍAS	FUNDAMENTACIÓN
Artículo 61. La carrera judicial importa la determinación del sistema de ingreso en la Judicatura y la forma como se obtiene el ascenso dentro de ella. **Artículo 62**. Las condiciones para el ingreso, formación, permanencia, ascenso y retiro del personal de servicio de la administración de justicia se sujetará a las bases siguientes: (reformada P.O. 16 de noviembre de 2001); I. El Consejo de la Judicatura vigilará e implementará los sistemas de selección, ingreso, formación, ascenso y retiro del servicio de la judicatura. (reformada	Ley Orgánica del Poder Judicial. Última reforma publicada en el *Periódico Oficial*: 11 de diciembre de 2020. Ley publicada en el *Periódico Oficial*, el martes 11 de diciembre de 1990.

CATEGORÍAS	FUNDAMENTACIÓN
P.O. 28 de diciembre de 2007); II. El Consejo de la Judicatura, por conducto de la Oficialía Mayor, formará un cuerpo de aspirantes que se integrará con los abogados que deseen ingresar a la carrera judicial y que reúnan los requisitos para ocupar los cargos de entrada en las especializaciones civil, mercantil, familiar y penal, conforme a la reglamentación que se expida para las admisiones (reformada, P.O. 28 de diciembre de 2007); III. El ingreso a la carrera judicial presupone la aprobación del examen de méritos, consistente en la evaluación de conocimientos, así como de los indicadores de capacidad profesional, aptitud y actitud para el cargo, conducta profesional, fama pública y antecedentes laborales; los que serán evaluados por el Consejo de la Judicatura, mediante los mecanismos que se estimen pertinentes (reformada, P.O. 16 de noviembre de 2001); IV. La carrera judicial se inicia en el puesto de actuario de Juzgado Letrado y termina en el de magistrado de Tribunal Unitario (reformada, P.O. 16 de noviembre de 2001); V. Los ascensos del escalafón solo podrán hacerse con la voluntad del interesado, quien no podrá ser suspendido o cesado, salvo por falta o delito y en la forma y términos que dispone esta Ley (reformada, P.O. 28 de diciembre de 2007); VI. El Consejo de la Judicatura será la única autoridad facultada para formalizar el examen de méritos y acordar nombramientos y ascensos en los términos	

CATEGORÍAS	FUNDAMENTACIÓN
que establece esta ley (reformada, P.O. 28 de diciembre de 2007); VII. Todos los magistrados de los Tribunales Distritales, el magistrado del Tribunal de Apelación Especializado en materia de Adolescentes; los jueces, los secretarios y actuarios serán numerados en los escalafones correspondientes a sus especialidades, civil, mercantil, familiar, penal y de adolescentes.	

CARRERA JUDICIAL DE DURANGO

CATEGORÍAS	FUNDAMENTACIÓN
Artículo 127. La carrera judicial estará integrada por las siguientes categorías: I. Juez; II. Secretario general de acuerdos del Pleno del Tribunal Superior de Justicia y del Tribunal para menores infractores del Poder Judicial del Estado; III. Secretario de acuerdos de Sala; IV. Secretario proyectista de Sala e instructores de estudio y cuenta del Tribunal para Menores Infractores del Poder Judicial del Estado; V. Secretario de Juzgado; y VI. Actuario Judicial.	Artículo 127 de la Ley Orgánica del Poder Judicial de Durango publicada en el *Periódico Oficial* no. 1, de fecha 2 de julio de 2009. Decreto no. 296, LXIV Legislatura. Fecha de última reforma: Decreto 421; 92 bis del 15 de noviembre de 2020.

CARRERA JUDICIAL DEL PODER JUDICIAL DEL ESTADO DE MÉXICO. NORMATIVIDAD DEL AÑO 1995

CATEGORÍAS DE LA CARRERA JUDICIAL	FUNDAMENTACIÓN
Artículo 3. El Poder Judicial del Estado se integra por: I. El Tribunal Superior de Justicia; II. El Consejo de la Judicatura; III. Los juzgados y tribunales de primera instancia; IV. Los tribunales laborales; V. Los juzgados de cuantía menor, y VI. Los servidores públicos de la administración de justicia, en los términos que establece esta ley, el Código de Procedimientos Civiles, el Código Nacional de procedimientos Penales la ley Federal del Trabajo y demás disposiciones legales. **Artículo 159**. La Carrera Judicial está integrada por las siguientes categorías: I. Magistrado; II. Juez de primera instancia; III. Juez de cuantía menor; IV. Secretario de acuerdos; V. Secretario judicial y auxiliar proyectista; VI. Oficiales mayores de salas; VII. Ejecutores; VIII. Notificadores; y IX. Personal auxiliar administrativo.	Artículo 3 y 159 de la Ley Orgánica del Estado de México. Publicada en el *Periódico Oficial Gaceta del Gobierno* el 8 de septiembre de 1995. Última reforma del 5 de abril de 2021.

Como se observa, la composición de la carrera judicial que consideraba el Poder Judicial de nuestra entidad federativa era amplia y casi similar a la de la Ciudad de México en cuanto a número de niveles o cargos. Sin embargo, la nueva Ley Orgánica del año 2022 ha establecido con exactitud las categorías judiciales, lo cual se ha traducido en una importante base para ir generando los modelos de evaluación a la «medida» de los perfiles y necesidades de los servidores judiciales en aras de fortalecer a la reformada carrera judicial mexicana.

CARRERA JUDICIAL DEL PODER JUDICIAL DEL ESTADO DE MÉXICO VIGENTE

CATEGORÍAS DE LA CARRERA JUDICIAL	FUNDAMENTACIÓN
Artículo 177. El área jurisdiccional del Servicio de Carrera está integrada por las siguientes categorías: Magistrada o magistrado de Sala; Jueza o Juez de Primera Instancia; Jueza o juez de control y Tribunal de Enjuiciamiento; Jueza o juez laboral; jueza o juez de ejecución; jueza o juez de Control; Jueza o juez de cuantía menor; secretaria o secretario instructor A; Secretaria o secretario auxiliar de Sala proyectista; Secretaria o secretario de acuerdos de Sala; Administradora o Administrador; Secretaria o secretario de acuerdos de Juzgado de Primera Instancia; Secretaria o secretario Instructor B; secretaria o secretario Instructor C; Oficial mayor de Sala; actuaria o actuario B; técnico Judicial, y Oficial judicial.	Capítulo Segundo, Áreas del Servicio de Carrera; artículo 177 del Área Jurisdiccional, de la Ley Orgánica del Estado de México. Publicada en el *Periódico Oficial Gaceta del Gobierno* el 6 de octubre de 2022.

CARRERA JUDICIAL DE GUANAJUATO

CATEGORÍAS	FUNDAMENTACIÓN
Artículo 140. La carrera judicial se regirá por los principios de excelencia, objetividad, imparcialidad, rectitud, probidad, independencia, profesionalismo y antigüedad.	Artículos 140 y 141 de la Ley Orgánica del Poder Judicial del Estado de Guanajuato.

CATEGORÍAS	FUNDAMENTACIÓN
Categorías de la Carrera Judicial **Artículo 141**. La Carrera Judicial comprenderá las siguientes categorías: I. Actuario; II. Secretario de juzgado menor; III. Secretario de juzgado de partido, secretario de instrucción o encargado de sala en el sistema penal acusatorio y oral; fracción reformada P.O. 22- 12-2020 IV. Secretario de sala o jefe de Unidad de causa y gestión; fracción reformada P.O. 28-11-2014 V. Juez menor; VI. Juez de partido; y VII. Magistrado.	Publicada: P.O. del 22 de diciembre del 2020. Núm. 82.

CARRERA JUDICIAL DE GUERRERO

CATEGORÍAS	FUNDAMENTACIÓN
Artículo 66. La Carrera Judicial comprende las siguientes categorías: (reformada, P.O. 19 de julio de 2011) I. Titulares de los órganos: a) Magistrado; b) Juez de Primera Instancia del Estado; **TITULARES DE LOS ÓRGANOS** a) Magistrados b) Juez de primera instancia del estado c) Juez de paz d) Auxiliares de los órganos. a) Secretario general de acuerdos y secretario auxiliar del Tribunal Superior de Justica. b) Secretario de acuerdos y proyectista de juzgado de Primera Instancia. c) Secretario de acuerdos y proyectista de juzgado de paz. d) Actuario.	Artículo 66 de la Ley Orgánica del Poder Judicial del Estado Libre y Soberano de Guerrero número 129. Julio de 2011.

CARRERA JUDICIAL DE HIDALGO

CARRERA	FUNDAMENTACIÓN
Artículo 156. La Carrera Judicial está integrada por las siguientes categorías: I. Actuario, actuaria y/o notificador o notificadora de Juzgado o Sala; II. Secretario o secretaria de acuerdos y/o de amparos y/o de estudio y cuenta; III. Juez o jueza. **Artículo 157**. El ingreso y promoción para las categorías de la carrera judicial se realizará conforme al procedimiento de los concursos de oposición convocados por el Consejo de la Judicatura.	Ley Orgánica del Poder Judicial del Estado de Hidalgo. Última reforma publicada en el alcance tres del *Periódico Oficial*: 13 de septiembre de 2021.

CARRERA JUDICIAL DE JALISCO

CATEGORÍAS	FUNDAMENTACIÓN
Artículo 181. La Carrera Judicial está integrada por las siguientes categorías: I. Juez de Primera Instancia Especializado; II. Juez de Primera Instancia Mixto; III. Secretario general de acuerdos de Tribunal; IV. Subsecretario general de acuerdos de Tribunal; V. Secretario relator de magistrado; VI. Secretario de acuerdos de Sala; VII. Secretario de acuerdos de Juzgado Especializado de Primera Instancia; VIII. Secretario conciliador de Juzgado de Primera Instancia; IX. Secretario de Juzgado Especializado de Primera Instancia; X. Secretario de Juzgado Mixto de Primera Instancia; XI. Notificador; XII. Actuario; y XIII. Juez Menor y juez de Paz.	Artículo 181 de la Ley Orgánica del Poder Judicial de Jalisco del mes de julio del año 1997. Decreto Número 16594.

CARRERA JUDICIAL DE MICHOACÁN

CATEGORÍAS	FUNDAMENTACIÓN
Artículo 117. La Carrera Judicial está integrada por las siguientes categorías: I. Juez de Primera Instancia; II. Secretario de acuerdos de Sala; III. Secretario proyectista de Sala; IV. Secretario de acuerdos de Juzgado; V. Secretario proyectista de Juzgado; VI. Oficial de Sala; VII. Jueces menores o comunales; VIII. Actuario o notificador; y, IX. Escribiente.	Artículo 117 de la Ley Orgánica del Poder Judicial de Michoacán, publicada en el *Periódico Oficial del Estado de Michoacán*, el 3 de diciembre de 2014, Tomo: clx, número: 90, octava sección.

CARRERA JUDICIAL DE MORELOS

CATEGORÍAS	FUNDAMENTACIÓN
Artículo 58. El personal de la administración de justicia del estado será de confianza o de base, de acuerdo con la naturaleza de la función que desempeñe. Son empleados de confianza, aquéllos cuya actividad implique funciones de dirección, administración, inspección o vigilancia. En su caso, es de aplicación supletoria de la presente ley, la del Servicio Civil del Estado de Morelos, teniendo las siguientes categorías: I. Administrador de Juzgado; II. Secretarios de acuerdos de los juzgados, independientemente de las funciones que desempeñen, ya sea civiles, familiares, mercantiles, laborales y penales, y actuarios de los propios juzgados; III. Secretarios de acuerdos y actuarios de los juzgados menores; IV. Empleados de las diversas oficinas administrativas; V.Taquimecanógrafos; VI. Mecanógrafos; VII.- Auxiliares de oficina y técnicos judiciales; VIII. Intendentes del tribunal; y, IX. Oficiales de intendencia.	Artículo 58 de la Ley Orgánica del Poder Judicial del Estado de Morelos, reforma del 06 de octubre del año 2021.

CARRERA JUDICIAL DE NAYARIT

CATEGORÍAS	FUNDAMENTACIÓN
Artículo 11 (sic). La Carrera Judicial se regirá por los principios de excelencia, objetividad, imparcialidad, profesionalismo e independencia. Tendrá por objeto garantizar el derecho de los ciudadanos y los servidores judiciales respectivamente a ingresar, ascender y promoverse con base en criterios de igualdad de oportunidades, objetividad, desempeño, actualización y profesionalización en el ejercicio de su cargo. **Artículo 12**. La carrera judicial comprende en su orden, los cargos siguientes: I. Actuario o notificador de Juzgado. II. Actuario o notificador del Tribunal Superior de Justicia. III. Secretario de acuerdos de Juzgado de primera instancia. Secretarios de acuerdos de las Salas del Tribunal Superior de Justicia. V. secretario de estudio y cuenta del Tribunal Superior de Justicia VI. Secretario general de Acuerdos del Tribunal Superior de Justicia; y VII. Juez.	Artículo 11 y 12 Reglamento de la Secretaría de la Carrera Judicial del Poder Judicial del Estado de Nayarit. Fecha de publicación: 12 de julio de 2021.

CARRERA JUDICIAL DE NUEVO LEÓN

CATEGORÍAS	FUNDAMENTACIÓN
Artículo 125. El ingreso, formación, permanencia, promoción, especialización, evaluación y reconocimiento de los servidores públicos del Poder Judicial del Estado, se dará en el contexto del Sistema de Carrera Judicial que establece el presente Título y las disposiciones aplicables, mismo que se	

CATEGORÍAS	FUNDAMENTACIÓN
regirá por los principios de excelencia, objetividad, imparcialidad, profesionalismo e independencia. **Artículo 126**. En la Carrera Judicial existirán las siguientes categorías: I. Juez de Primera Instancia; II. Juez menor; III. Secretario de Pleno o de Sala; IV. Secretario de Juzgado de Primera Instancia; V. Secretario de Juzgado Menor; VI. Actuario; y escribiente.	Artículo 125 y 126 de la Ley Orgánica del Poder Judicial de Nuevo León. Última Reforma: 20 de mayo 2022

CARRERA JUDICIAL DE OAXACA

CATEGORÍAS	FUNDAMENTACIÓN
Artículo 60. La carrera judicial se integra por las siguientes categorías: I. Juez de primera instancia; II. Secretario de acuerdos de Sala o Tribunal Unitario; III. Secretario de estudio y cuenta de Sala o Tribunal Unitario; IV. Secretario proyectista de juzgado; y secretario de acuerdos de juzgado.	Ley Orgánica del Poder Judicial del Estado de Oaxaca. 03 de septiembre de 1999. Reglamento de la carrera judicial de Oaxaca. Fecha de publicación 5 de agosto de 2000 Ultima reforma incorporada el 5 de noviembre de 2001.

Con solo cinco categorías, la carrera judicial de Oaxaca presenta el catálogo más conciso y del Poder Judicial. Esta característica dificulta y aun torna no factible la posibilidad implementar sistemas de evaluación del desempeño judicial en dicha entidad. No obstante, se encuentra en la etapa de oportunidades para implementaros y lograr su consolidación a medida que vayan incorporándose nuevas categorías a la carrera judicial.

CARERA JUDICIAL DE PUEBLA

CATEGORÍAS	FUNDAMENTACIÓN
Artículo 125. La Carrera Judicial se integrará por las siguientes categorías: I. Juez de distrito o de región judicial; II. Secretario de acuerdos, jurídico y relator del Tribunal; III. Secretario de acuerdos de Sala; IV. Secretario de estudio y cuenta de Sala; V. Secretario de acuerdos de Juzgado; VI. Secretario de estudio y cuenta de Juzgado; VII. Juez municipal; VIII. Actuarios y diligenciarios; IX. Oficial mayor, y X. Juez de paz.	Ley Orgánica del Poder Judicial del Estado de Puebla del 08 de noviembre de 2021.

Seguidamente se expondrá el esquema de Carrera Judicial del Poder Judicial de Querétaro, que también amerita ser reconocido, dado que, hasta que fue promulgada la nueva Ley Orgánica del Poder Judicial del Estado de México era el más completo y específico, pues consideraba la figura del archivista en la base de la carrera judicial, así como los auxiliares de juzgados, de salas, de causas y de audiencias.

CARRERA JUDICIAL DE QUERÉTARO

CATEGORÍAS	FUNDAMENTACIÓN
Artículo 140. La Carrera Judicial comprende las siguientes categorías: I. Juez de primera instancia; II. Secretario de acuerdos del Pleno, del Consejo de la Judicatura y de la Presidencia del Tribunal Superior de Justicia, secretario de Acuerdos y secretario proyectista	Ley Orgánica del Poder Judicial de Querétaro de 2016.

CATEGORÍAS	FUNDAMENTACIÓN
de segunda instancia y coordinador de Gestión Jurídico Administrativa; III. Juez menor; IV. Secretario auxiliar de acuerdos de segunda instancia; V. Secretario de acuerdos de primera instancia; VI. Secretario proyectista de primera instancia, auxiliar jurídico y analista jurídico VII. Actuario de segunda instancia, de primera instancia y de juzgado menor y notificador. VIII. Secretario de acuerdos de juzgado menor y secretario proyectista de juzgado menor; IX. Secretario de Incoación, secretario de atención al Público, secretario administrativo, auxiliar de acuerdos, auxiliar de audiencias, auxiliar de causas, auxiliar de salas y auxiliar de actas; X. Secretaría ejecutiva «A», Secretaría Ejecutiva «B», secretaria taquimecanógrafa, secretaria de proyectista de segunda instancia, auxiliar eécnico de juzgado, acuerdista de primera y de segunda instancia, auxiliar de Juzgado, oficial judicial de primera instancia, oficial judicial de segunda instancia, oficial de atención al público; XI. Secretaria, mecanógrafo y oficial judicial, de juzgado menor; XII. Oficial de actas y oficial de atención al público; y	

CATEGORÍAS	FUNDAMENTACIÓN
XIII. Archivista de segunda instancia, de primera instancia y de juzgado menor.	

CARRERA JUDICIAL DE QUINTANA ROO

CATEGORÍAS	FUNDAMENTACIÓN
Artículo 116. La Carrera Judicial estará integrada por las siguientes categorías: A) Tribunal Superior de Justicia del Estado, Juzgados de Primera Instancia y Juzgados de Paz. I. Juez de Primera Instancia; II. Juez de paz; III. Secretario general de acuerdos del Tribunal Superior de Justicia; IV. Secretario de acuerdos de Sala; V. Secretarios de estudio y cuenta de los magistrados del Tribunal Superior de Justicia; VI. Secretario de acuerdos de Juzgado de Primera Instancia; VII. Secretario de estudio y cuenta de Juzgado de Primera Instancia; VIII. Secretario de acuerdos de Juzgado de paz.	Ley Orgánica del Poder Judicial del Estado de Quintana Roo. (Reformado, P.O. 30 de agosto de 2013)

CARRERA JUDICIAL DE SAN LUIS POTOSÍ

CATEGORÍAS	FUNDAMENTACIÓN
Artículo 148. La carrera judicial, para efectos jurisdiccionales, estará integrada por las siguientes categorías: I. Juez de Primera Instancia; II. Juez menor; (reformada, P.O.	Ley Orgánica del Poder Judicial de San Luis Potosí. Última reforma publicada en el periódico oficial: el sábado 22 de mayo de 2021 Ley publicada

CATEGORÍAS	FUNDAMENTACIÓN
18 junio 2011) III. Secretario general de acuerdos del Supremo Tribunal de Justicia; IV. Secretario de Acuerdos; (reformada, P.O. 18 junio 2011) (reformada P.O. 09 septiembre 2020) V. Secretaria o secretario Instructor; (reformada P.O. 18 junio 2011) (reformada P.O. 09 septiembre 2020); VI. Secretaria o secretario de acuerdos de Juzgado Menor (reformada, P.O. 18 junio 2011) (reformada P.O. 09 septiembre 2020); VII. Secretaria o secretario de estudio y cuenta (reformada, P.O. 18 junio 2011) (reformada P.O. 09 septiembre 2020); VIII. Subsecretaria o subsecretario del Supremo Tribunal de Justicia (Adicionada P.O. 18 junio 2011) (reformada P.O. 09 septiembre 2020); IX. Subsecretaria o subsecretario, y (adicionada, P.O. 09 septiembre 2020) X. Actuaria o actuario.	en la Edición Extraordinaria del *Periódico Oficial del Estado*, el sábado 15 de octubre de 2005.

CARRERA JUDICIAL DE SINALOA

CATEGORÍAS	FUNDAMENTACIÓN
Artículo 110. La Carrera Judicial está integrada por las siguientes categorías: I. Magistrados de circuito; II. Juez de distrito; III. Secretario general de acuerdos de la Suprema Corte de Justicia o de la Sala Superior del Tribu-	Artículo 110 de la Ley Orgánica del Poder Judicial del Estado de Sinaloa. Última reforma: sábado 22 de mayo de 2021. Ley publicada en la *Edición Extraordinaria del Periódico Oficial del Estado*, el sábado 15 de octubre de 2005.

CATEGORÍAS	FUNDAMENTACIÓN
nal Electoral del Poder Judicial de la Federación; IV. Subsecretario general de acuerdos de la Suprema Corte de Justicia o de la Sala Superior del Tribunal Electoral del Poder Judicial de la Federación; V. Secretario de estudio y cuenta de ministro o Secretarios de estudio y cuenta e instructores de la Sala Superior del Tribunal Electoral del Poder Judicial de la Federación; VI. Secretario de acuerdos de Sala; VII. Subsecretario de acuerdos de Sala; VIII. Secretario de Tribunal de Circuito o secretario de estudio y cuenta de las Salas Regionales del Tribunal Electoral del Poder Judicial de la Federación; IX. Secretario de Juzgado de Distrito; y X. actuario del Poder Judicial de la Federación.)	

CARRERA JUDICAL DE SONORA

CATEGORÍAS	FUNDAMENTACIÓN
Artículo 118. El ingreso y la promoción de los servidores públicos de carácter jurisdiccional del Poder Judicial del Estado, con excepción de los magistrados del Supremo Tribunal de Justicia, se hará mediante el sistema de carrera judicial a que se refiere el presente Título, la cual se regirá por los principios de excelencia, profesionalismo, objetividad, imparcialidad, independencia y antigüedad, en su caso.	

CATEGORÍAS	FUNDAMENTACIÓN
Artículo 124. La carrera judicial se integra por las siguientes categorías: I. Magistrado regional de Circuito; II. Secretario general de Acuerdos del Supremo Tribunal de Justicia; III. Juez de Primera Instancia; IV. Secretario proyectista del Supremo Tribunal de Justicia; V.- Secretario proyectista de Tribunal Regional de Circuito; VI. Secretario de acuerdos de Tribunal Regional de Circuito; VII. Secretario auxiliar de acuerdos del Supremo Tribunal de Justicia y de Tribunal Regional de Circuito; VIII. Secretario de acuerdos de Juzgado de Primera Instancia; IX.- Actuario ejecutor; y X. Actuario notificador.	Artículos 118 y 124 de la Ley Orgánica del Poder Judicial de Sonora. Fecha de publicación: Última reforma incorporada: 12 de diciembre de 1996

CARRERA JUDICIAL DE TABASCO

CATEGORÍAS	FUNDAMENTACIÓN
Artículo 164. La carrera judicial es el mecanismo mediante el cual se garantiza la igualdad de oportunidades para el ingreso, ascenso y permanencia de los servidores públicos, previo cumplimiento de los requisitos establecidos en la Ley Orgánica, este Reglamento, los acuerdos generales del Pleno del Consejo y las demás disposiciones legales aplicables. **Artículo 165**. La carrera judicial, estará integrada por las categorías siguientes: I. Juez; II. Secretario instructor; III. Administrador regional; IV. Proyectista de juez o conciliador judicial; V. Jefe de Unidad de Causa; VI. Secretario judicial; VII. Jefe de Unidad de Sala; VIII. Encargado de sala; y IX. Actuarios o otificadores.	Artículo 164 y 165 del Reglamento Interior del Estado de Tabasco. Reformado P.O. 8117 de 20 de junio del 2020.

CARRERA JUDICIAL DE TAMAULIPAS

CATEGORÍAS	FUNDAMENTACIÓN
Artículo 15. El Supremo Tribunal de Justicia complementará su integración con: I. Un secretario general de acuerdos; II. Dos subsecretarios generales de acuerdos; III. Un secretario de acuerdos para cada Sala; IV. Los secretarios relatores; V. Los actuarios; VI. Los archivistas. VII. Los titulares de las dependencias que esta ley establezca; así como también el demás personal que realice funciones de dirección, administración, vgilancia o fiscalización. **Título Cuarto** **Servidores Públicos del Poder Judicial Capítulo I** De la Designación **Artículo 82**. En todo lo referente a servidores públicos judiciales, las vacantes definitivas, las provisionales con duración mayor de treinta días y los puestos de nueva creación, serán ocupadas por quienes se encuentren en la categoría escalafonaria que corresponda, tomando en cuenta su aptitud, antigüedad, servicios prestados y cumplimiento en su función. Los nombramientos de servidores públicos judiciales se extenderán a favor de personas letradas, con capacidad y honestidad relevantes que justifiquen la continuidad en el cargo y que acrediten haber cursado y aprobado los programas implementados por el Centro de Actualización Judicial, así como aprobar y haber sido seleccionados en el examen de méritos para el	

CATEGORÍAS	FUNDAMENTACIÓN
cargo. Se procurará que en la designación se siga el escalafón conforme al siguiente *orden de categorías,* sin menoscabo de la mejor capacidad, cualidades personales y morales de quienes no estén ubicados en el mismo: I. Magistrados al Supremo Tribunal de Justicia; II. Jueces de Primera Instancia; III. Secretarios de acuerdos del Supremo Tribunal de Justicia, secretarios de las Salas, secretarios relatores del mismo tribunal y actuarios; IV. Jueces menores; V. Subsecretario de acuerdos del Supremo Tribunal de Justicia; VI. Secretarios de acuerdos y secretarios relatores y actuarios de los Juzgados de Primera Instancia; VII. Secretarios y actuarios de los Juzgados menores; y, VIII. escribientes.	Ley Orgánica del Poder Judicial del Estado de Tamaulipas, de 19 de diciembre del 2000.

CARRERA JUDICIAL DE TLAXCALA

CATEGORÍAS	FUNDAMENTACIÓN
Artículo 94. La Carrera Judicial estará integrada por las siguientes categorías: I. En el Tribunal: a) secretario de Acuerdos de las Salas; b) proyectista; c) diligenciario. d) oficial de Partes. II. En los Juzgados: a) juez. b) secretario de acuerdos; c) proyectista; d) diligenciario, e) oficial de partes.	Artículo 94 de la Ley Orgánica del Poder Judicial del Estado de Tlaxcala. Última reforma, 10 de febrero de 2016.

La carrera judicial de Tlaxcala, junto con la de Oaxaca, son las que presentan las taxonomías concretas, circunstancia que debe considerarse un área de oportunidad para implementar modelos de evaluación del desempeño judicial exitosos. El hecho de que ambas entidades federativas tengan perfiles de servidores públicos no extensos reduce la complejidad de la aplicación de los modelos mencionados.

CARRERA JUDICIAL DE VERACRUZ

CATEGORÍAS	FUNDAMENTACIÓN
Artículo 121. La Carrera Judicial se integrará por las categorías siguientes: I. Juez de Primera Instancia; II. Secretario de acuerdos o de estudio y cuenta de los Tribunales y Salas del Poder Judicial; III. Secretario de acuerdos de Primera Instancia; IV. Secretario de estudio y cuenta de Primera Instancia; y V. Actuario del Poder Judicial.	Ley Orgánica del Poder Judicial de Veracruz de Ignacio de la Llave del H. Congreso del Estado de Veracruz. Secretaría General Coordinación de Investigaciones Legislativas. Última Actualización: 16 de marzo de 2021.

CARRERA JUDICIAL DE YUCATÁN

CATEGORÍAS	FUNDAMENTACIÓN
Capítulo Cuarto. Categorías de la Carrera Judicial **Artículo 10**. Categorías. La Carrera Judicial estará integrada por las categorías de juez de primera instancia, secretario general de acuerdos, secretario de acuerdos de sala, secretario de acuerdos, secretario instructor, administrador de juzgado, secretario de estudio y cuenta, coordinador de causa, coordinador de sala, encargado de sala, secretario auxiliar, facilitador o mediador, actuario, notificador, oficial de juzgado, oficial de mediación, técnico judicial, encargado de actas y asistente legal.	Reglamento de Carrera Judicial del Poder Judicial de Yucatán, de 02 de mayo del año 2022.

CARRERA JUDICIAL DE ZACATECAS

CATEGORÍAS	FUNDAMENTACIÓN
Capítulo Quinto De los servidores del Tribunal Superior de Justicia en funciones jurisdiccionales. **Artículo 20**. Integración. El Tribunal Superior de Justicia para ejercer funciones jurisdiccionales, contará, además, con los siguientes servidores públicos: I. Un secretario general de acuerdos del Pleno; II. Un secretario de acuerdos para cada una de las Salas; III. Los secretarios de estudio y cuenta que se requieran y permita el presupuesto, para cada uno de los magistrados; IV. Los directores, subdirectores y jefes de las unidades de apoyo a la función jurisdiccional que se establezcan; V. Los actuarios, notificadores, oficiales de partes y secretarios auxiliares, necesarios, cuyas funciones se organizarán con las modalidades que determinen los reglamentos y acuerdos generales.	Ley Orgánica del Poder Judicial de Zacatecas, Reforma del año 2012.

Fuente: elaboración propia con base en la normatividad de cada entidad

El contenido de la Matriz de Categorías de Carrera Judicial expuesto en las páginas precedentes pone en evidencia que, a nivel nacional, el fortalecimiento de la carrera judicial es una tarea que todavía requiere tiempo y una labor ardua debido a la intensa tarea de homologación que debe llevarse a cabo tanto en lo que respecta a los criterios como en lo que hace a la legislación. Sin embargo, esto no significa que en un futuro no muy lejano no sea posible iniciar el trabajo pertinente para lograr este objetivo a través de la suma de voluntades políticas y jurídicas.

En este sentido, los poderes judiciales de los estados de México y Querétaro, y el de la Ciudad de México son los que cuentan con las carreras judiciales las más robustas, específicas y conformadas por las categorías más actualizadas. Ello permitirá a estas entidades diseñar e implementar sistemas de evaluación «a medida» que, con un adecuado desarrollo, fungirán como ejemplos a replicar en el resto de la República Mexicana.

4. HACIA UN MODELO DE EVALUACIÓN DEL DESEMPEÑO JUDICIAL PARA LA RATIFICACIÓN DE JUZGADORES Y JUZGADORAS

4.1. LA IDONEIDAD DEL PERFIL DE LOS JUZGADORES EN TODA EVALUACIÓN

La presente investigación ha puesto de manifiesto la imperiosa necesidad de transitar hacia el diseño de modelos de evaluación del desempeño judicial en cada uno de los perfiles que conforman la carrera judicial. De hecho, y como también ha habido ocasión de mostrar, el Poder Judicial del Estado de México ya cuenta con una arraigada cultura de la calificación del desempeño laboral en el Poder que permite realizar evaluaciones concretas de cada categoría judicial.

En la entrevista que mantuvimos con él en el mes de septiembre, el titular de la Dirección de Carrera Judicial de la Escuela Judicial del Estado de México insistió en la clara e impostergable necesidad de fortalecer el proceso de ratificación de los jueces a través de una evaluación formal, homogénea y continua que muestre con mayor precisión los resultados y la eficiencia de la labor desarrollada por los impartidores de justicia conforme al perfil que requiere el Sistema de Carrera Judicial.

A los efectos de este documento, la propuesta se dirige a los juzgadores en materia civil y penal, sin soslayar otras materias como la laboral, la mercantil, la justicia para adicciones, la justicia restaurativa o para adolescentes, etcétera. Sin embargo, debe quedar claro que la propuesta consiste en empezar por los perfiles *lato sensu* y, posteriormente, diseñar los sistemas de evaluación de las demás especialidades mencionadas.

Por ende, el propósito del presente modelo es integrar elementos objetivos que permitan conocer razonablemente la idoneidad de los aspirantes a desempeñar el cargo de juez mediante la obtención de una información válida, confiable, pertinente y apegada a criterios técnicos.

Los mecanismos de la etapa de evaluación considerarían la calificación de conocimientos generales y de conocimientos por perfil específico, y valorarían el pensamiento crítico y las competencias profesionales en situación específica. Cabe señalar que algunas de ellas ya se realizan, si bien se llevan a cabo de acuerdo con —o confiando en— la pericia evaluatoria de los integrantes del sínodo y no a través un esquema homogéneo de evaluación que permitiría contar con los elementos documentados para atender las diversas inquietudes que se manifiestan en la interposición de recursos de inconformidad.

En este marco, cabe insistir en la línea propositiva que, en su Plan Estratégico 2020-2025 —concretamente, en la línea de acción número dos del Eje Rector I, denominado «de la Interdependencia Judicial»—, destacó el presidente magistrado Dr. Ricardo A. Sodi Cuellar: «Preservar criterios objetivos e imparciales en los procesos de designación de jueces y magistrados, citando: garantizar procesos de designación, promoción y permanencia del personal transparente e igualitario. Así como, contar con procesos de designación de jueces y magistrados bajo estándares internacionales» (Poder Judicial del Estado de México, Plan Estratégico 2020-2025: 20)

Esta propuesta es perfectamente coherente con una de las conclusiones del último encuentro celebrado por la Red Mundial de Integridad Judicial y la Oficina de Naciones Unidas contra la Droga y el Delito (UNODC) en el año 2018: «Proteger la independencia judicial en procesos de evaluación del desempeño de operadores de justicia, a través de estándares internacionales. Los criterios que se tomarán en consideración son: la independencia judicial y fungir como un proceso motivacional que aliente a la continua preparación del operador de justicia, y no evaluar en ningún sentido sus veredictos judiciales» (UNODC, 2021: 28), enunciado, este último, que alude críticamente al confuso abordaje de la cuestión que nos ocupa en determinados foros de reflexión y diálogo.

Sin embargo, la dogmática no solo ha analizado la importancia y trascendencia de la carrera judicial, sus mecanismos de evaluación y sus filtros de selección, sino también los diversos instrumentos internacionales que han ofrecido las pautas para la mejora de implementación a nivel mundial con miras a fortalecer los Estados democráticos y de Derecho como el nuestro.

En este sentido, los numerales 10, 11 y 13 de los Principios Básicos de las Naciones Unidas relativos a la independencia de la judicatura —aprobados en el Séptimo Congreso de las Naciones Unidas sobre Prevención del Delito y Tratamiento del Delincuente, celebrado en Milán en septiembre de 1985— establecen:

> Principio 10. Las personas seleccionadas para ocupar cargos judiciales serán personas íntegras e idóneas y tendrán la formación o las calificaciones jurídicas apropiadas. Todo método utilizado para la selección de personal judicial garantizará que éste no sea nombrado por motivos indebidos. En la selección de los jueces, no se hará discriminación alguna por motivo de raza, color, sexo, religión, opinión

> política o de otra índole, origen nacional o social, posición económica, nacimiento o condición; el requisito de que los postulantes a cargos judiciales sean nacionales del país de que se trate no se considerará discriminatorio.
>
> Principio 11. La ley garantizará la permanencia en el cargo de los jueces por los períodos establecidos, su independencia y su seguridad, así como una remuneración, pensiones y condiciones de servicio y de jubilación adecuadas.
>
> Principio 13. El sistema de ascensos de los jueces, cuando exista, se basará en factores objetivos, especialmente en la capacidad profesional, la integridad y la experiencia.

Por su parte, el articulo 12 Estatuto del Juez Iberoamericano —adoptado en la IV Cumbre Iberoamericana de presidentes de Cortes Supremas y Tribunales Supremos de Justicia celebrado en Santa Cruz de Tenerife en 2001— establece: «Los mecanismos de selección [...] estarán orientados, en todo caso, a la determinación objetiva de la idoneidad de los aspirantes».

En este marco, el Comité de Derechos Humanos ha destacado en varias ocasiones la importancia de que los estados garanticen que los procedimientos de selección y nombramiento de jueces se basen exclusivamente en criterios objetivos y transparentes y que la evaluación de sus méritos se enfoque en su idoneidad, competencia y honorabilidad, de conformidad con los principios de independencia e imparcialidad.

Finalmente, los Principios de Bangalore sobre la Conducta Judicial subrayan la importancia de los requisitos de integridad, capacidad e idoneidad de las personas que aspiran a ejercer el cargo de magistradas y magistrados.

Considerando todo lo antedicho, es necesario tener presentes las competencias profesionales y laborales que resulta pertinente perfeccionar, así como los contenidos que se acerquen a la realidad laboral, contenidos cuya formalización metodológica es imprescindible.

4.2. EL PROYECTO ALFA TUNING

En el mes de junio del año 2006, se celebró en Bruselas la Primera Reunión Conjunta de Tuning América Latina y Europa. El propósito del proyecto era intercambiar información entre instituciones de educación superior para fomentar el desarrollo de la calidad, la efectividad y la transparencia. En aquel foro tuvo lugar una reflexión profunda sobre las competencias específicas requeridas para enseñar y evaluar las competencias jurídicas en Latinoamérica, reflexión que se materializó en el establecimiento de los siguientes objetivos:

1. Conocer, interpretar y aplicar los principios generales del Derecho y del ordenamiento jurídico.
2. Conocer, interpretar y aplicar las normas y principios del sistema jurídico nacional e internacional en casos concretos.
3. Buscar la justicia y equidad en cada situación en la que interviene.
4. Estar comprometido con los derechos humanos y con el Estado social y democrático de Derecho.
5. Ser capaz de ejercer su profesión trabajando en equipo con colegas.
6. Capacidad de trabajar en equipos interdisciplinarios como experto en Derecho, contribuyendo de manera efectiva a sus tareas.
7. Comprender adecuadamente los fenómenos políticos, sociales, económicos, personales y psicológicos,

entre otros, considerándolos en la interpretación y aplicación del Derecho.

8. Capacidad para usar la tecnología necesaria en la búsqueda de la información relevante para el desempeño y la actualización profesional.
9. Capacidad para aplicar criterios de investigación científica en su actividad profesional.
10. Capacidad para aplicar sus conocimientos de manera eficaz en un área determinada de su profesión.
11. Capacidad de enfrentar nuevas situaciones y contribuir a la creación de instituciones y soluciones jurídicas en casos generales y particulares.
12. Capacidad para redactar textos y expresarse oralmente en un lenguaje fluido y técnico, usando términos jurídicos precisos y claros.
13. Capacidad para analizar una amplia diversidad de trabajos complejos en relación con el Derecho, y sintetizar sus argumentos de forma precisa.
14. Capacidad para tomar decisiones jurídicas razonadas.
15. Comprender y relacionar los fundamentos filosóficos y teóricos del Derecho con su aplicación práctica.
16. Demostrar conciencia crítica en el análisis del ordenamiento jurídico.
17. Capacidad de actuar jurídica y técnicamente en diferentes instancias administrativas o judiciales con la debida utilización de procesos, actos y procedimientos.
18. Capacidad para decidir si las circunstancias de hecho están suficientemente claras para poder adoptar una decisión fundada en Derecho.

19. Actuar de manera leal, diligente y transparente en la defensa de intereses de las personas a las que representa.
20. Considera la importancia y pertinencia del uso de los medios alternativos de solución de conflictos (MASC) (Olano; 2021: 1).

En la mencionada sesión del Proyecto Tuning-América Latina se solicitó a 18 países participantes que delinearan diversas competencias jurídicas en función de su realidad institucional y sus necesidades. En México, esta tarea fue encomendada a la Universidad de Colima y de Guadalajara y al Plan Curricular de la Licenciatura en Derecho de la Universidad Autónoma de Guanajuato.

Es entonces cuando cobramos conciencia de que en la formación jurídica es necesario saber cómo los actos en los que intervienen los interesados de un asunto jurídico se relacionan con otros hechos y cules son sus implicaciones económicas y sociales.

De esta forma, actuar como un mero operario de acciones legales erosiona y degrada la noble condición y la dignidad del abogado: «Solo la educación concebida como crecimiento intelectual, moral y espiritual puede llevar al especialista en Derecho, prestador de servicios simbólicos-analíticos, a cumplir sus objetivos de un modo profesional, efectivo y eficaz» (Hernández, 2007: 34-35).

En síntesis, cabe concluir que las aportaciones del Proyecto Alfa Tuning constituyen el primer catálogo de competencias en la formación laboral. Se trata de un paso de gran relevancia, toda vez que, al clarificar de forma precisa las competencias que desean identificarse en un perfil como es el de los juzgadores, los instrumentos de evaluación del desempeño jurídico resultarán más eficaces por la objetividad y exactitud de su ponderación.

4.3. EVALUACIÓN DE CONOCIMIENTOS GENERALES Y DE CONOCIMIENTO POR PERFIL ESPECÍFICO

En esta etapa deben identificarse los conocimientos mínimos requeridos para fungir como jueza o juez, cuestión que debe ser respondida independientemente de la materia para la que se concursa en la ratificación. A través de este proceso de identificación, debe estructurarse la evaluación correspondiente.

Con base en las estipulaciones de los poderes judiciales de la Ciudad de México y del estado de Querétaro, seguidamente se exponen de manera contextualizada las características exigibles en el perfil de los servidores judiciales.

4.3.1. Competencias fundamentales

Al armonizar las diversas competencias que recaen en la figura de los juzgadores, se obtiene el siguiente esquema, que exponemos y, a continuación, desarrollamos:

a. El juzgador en la toma de decisiones;

b. El juzgador como mentor del proceso;

c. El juzgador en la administración del juzgado;

d. El juzgador como referente de su profesión.

a. El juzgador en la toma de decisiones. Esta competencia se enuncia en primer lugar, toda vez que es la actividad cotidiana de los impartidores de justicia.

a.1) Identifica y delimita la controversia, analiza y distingue la *litis* de los hechos y del Derecho. Evalúa los intereses y las posiciones de partes, así como sus posibles implicaciones para la aplicación e interpretación del Derecho, la administración de justicia y el impacto en las relaciones sociales.

a.2) Valora la prueba y establece los hechos en su contexto y con la mejor información posible mediante un uso adecuado de las reglas de la lógica formal y del sentido común y con una actitud de compromiso y objetividad.

a.3) Interpreta y aplica el Derecho de conformidad con los principios y valores que lo rigen desde la perspectiva de los derechos humanos, de conformidad con la disposición constitucional, y

a.4) Ejerce apropiadamente la elocuencia judicial haciendo uso del análisis crítico, el razonamiento lógico y valorativo, así como de la argumentación para perseguir la adecuada, justa, eficaz y efectiva aplicación del Derecho, sustentar sólidamente su resolución —debidamente motivada y fundamentada— y exponerla persuasivamente de forma escrita y verbal.

b. El juzgador como mentor del proceso. Esta competencia hace referencia al seguimiento y vigilancia que el juez lleva a cabo en las diligencias que se presentan en su juzgado.

b.1) Ejerce la comunicación como elemento esencial del desarrollo del proceso a través de la escucha activa y reflexiva, así como del uso del lenguaje corporal y del ejercicio de la retórica jurisdiccional.

b.2) Dirige y conduce de forma imparcial el proceso en las dimensiones adjetivas y sustantivas con base en los principios de igualdad, contradicción, publicidad, inmediación, acceso a la justicia y los otros principios que eventualmente sean aplicables al asunto.

b.3) Resuelve objeciones y promociones con técnica y de forma reflexiva, aplicando los principios de igualdad y contradicción en el debate de audiencia.

c. **El juzgador en la administración del juzgado.** Además de atender y cuidar las cuestiones jurídicas, es el jefe del juzgado que ostenta la máxima responsabilidad en el órgano, lo cual involucra las relaciones laborales y la atención al público.

c.1) Ejerce su liderazgo y apoyándose en el personal y utilizando los recursos materiales y auxiliares de la justicia con efectividad, eficiencia y eficacia para lograr la adecuada administración de justicia.

c.2) Asume su liderazgo para dar ejemplo y rendir cuentas, y considera como teleología principal de su labor el servicio a la sociedad.

c.3) Administra eficientemente los recursos materiales y humanos, incentivando el trabajo colaborativo.

c.4) Forma y apoya el desarrollo profesional de su personal para fortalecer el tribunal en la administración de justicia y buscando e beneficio de los justiciables y de la sociedad en general.

c.5) Posee carácter interno y externo, y tiene siempre clara su obligación de brindar el servicio a la sociedad a pesar de las incertidumbres sanitarias.

d. El juzgador como referente de su profesión. La actuación y el desempeño del juzgador refleja su formación y continúa preparación, pero al mismo tiempo visibiliza las fortalezas y cualidades de la profesión y de sus colegas.

d.1) Desempeña su ejercicio profesional con los más altos estándares éticos, al privilegiando la templanza y el razonamiento en los aspectos externos e internos que puedan afectar su independencia y objetividad.

d.2) Se compromete, actúa y participa en el fortalecimiento de la profesión y de la sociedad en general, al compartir su conocimiento y experiencia en la docencia y formación para la Carrera Judicial en foros y conferencias.

d.3) Actúa reflexivamente conforme a altos estándares éticos de la profesión dentro y fuera de su ámbito laboral.

En la valoración del desempeño de los aspirantes a ser ratificados como servidores públicos es necesario analizar el grado de observancia de estas cuatro competencias, lo que facilita la construcción y el perfeccionamiento de los instrumentos específicos de evaluación, toda vez que tendrán que identificarse las competencias específicas para cada tipo de juzgador dependiendo de la materia.

4.3.2. Evaluaciones sugeridas para el modelo

A la hora de realizar una labor ecléctica y dogmática deben considerarse los avances del tópico que se proponen al aplicar las respectivas evaluaciones, y que se detallan a continuación:

La evaluación de pensamiento crítico

En esta fase se evalúan las habilidades lógico-cognitivas que se exigen a los concursantes aspirantes o a los candidatos a la ratificación para resolver problemas y obtener conclusiones razonadas después de identificar, analizar, interpretar y evaluar los asuntos reactivos que se les presentan de manera escrita o gráfica.

Se recomienda utilizar un instrumento de medición conformado por preguntas de opción múltiple con tres opciones de respuestas, de las que solo una sea correcta.

La Coordinación General de Evaluaciones del Poder Judicial del Estado de México generará el banco de reactivos, así como la estructura, longitud y tiempo de aplicación del examen que evaluará el conocimiento de los juzgadores.

La evaluación de competencias profesionales en situación específica

Este punto hace referencia al diseño de un examen que evalúa la aptitud del concursante para expresar de forma oral razonamientos judiciales sobre un asunto, haciendo hincapié en la identificación de la controversia, la evaluación de la prueba, el establecimiento de los hechos, la interpretación y la aplicación del Derecho, así como la retórica, la expresión y la comunicación de la resolución.

Los concursantes deberán resolver, frente a un jurado o sínodo, un asunto seleccionado por este, y analizarán los problemas jurídicos que plantee el caso. Serán preguntados sobre estas cuestiones problemáticas con base en criterios establecidos.

Es recomendable que la presente etapa de evaluación se lleva a cabo con presencia de público y que la sesión sea videograbada, tal como se hace en el Poder Judicial mexiquense. Se sugiere, en este sentido, fortalecer el aspecto de la audiencia por medio de invitaciones en tiempo y forma a las universidades, colegios y barras de abogados y académicos de diversas instituciones judiciales, como sucede en Coahuila, Nuevo León y la Ciudad de México.

Evaluación psicométrica

Esta forma de valoración sirve para detectar la estructura de la personalidad y la adaptación de los aspirantes al contexto laboral. Las evaluaciones psicométricas se utilizan con el fin de conocer las competencias para ejecutar determinada actividad, y son llamadas «perfiles laborales» porque toman en consideración el potencial de desarrollo del concursante evaluado. A tal efecto, se integra una batería de pruebas psicológicas que permite mantener la objetividad en el proceso de evaluación —el análisis y contraste de los resultados—. Posteriormente, se elabora un informe final del evaluado para determinar si es apto o no para el puesto requerido. Mediante la evaluación psicométrica pueden obtenerse elementos objetivos para valorar la posible presencia de rasgos patológicos que pudieran generar situaciones de conflicto.

Debe señalarse que el Poder Judicial del Estado de México realiza este tipo de evaluación a todos sus aspirantes, pertenezcan o no las categorías judiciales. Sin embargo, en el proceso de ratificación para juzgadores, ese aspecto ya no es considerado y no se aplica, aunque su aplicación contribuiría a fortalecer la cualidad de la idoneidad de los servidores judiciales en activo. No es recomendable conservar la primera y única evaluación psicométrica desde el ingreso del juez y que no realizar las valoraciones sexenales de ratificación.

La función del juzgador se define por los principios de independencia y autonomía, que tienen implicaciones tanto en el fuero externo como en el interno. Desde el fuero externo, la independencia y autonomía del juez significan que, en su función jurisdiccional sustantiva no está supeditado jerárquicamente a autoridad alguna, sino únicamente al Derecho y a los principios rectores de seguridad y justicia. En ese sentido, la independencia y la autonomía de la función judicial son elementos fundamentales del Estado de Derecho. Toda autoridad ejecutiva, legislativa o jurisdiccional de cualquier grado de gobierno y se encuentra, sobre todo a nivel particular, obligada a respetar y acatar las resoluciones judiciales y a no interferir en dicha independencia y autonomía.

En la *praxis*, las decisiones de los jueces están sujetas a revisión, razón por la cual el conocimiento de las resoluciones y jurisprudencias de las Salas del Tribunal Superior de Justicia y de los tribunales federales se considera obligatorio para los impartidores de justicia.

En el ámbito interno, la independencia y la autonomía del juez implican que sus decisiones deben estar basadas en el Derecho y no en sus valores personales. Por esa razón, deben actuar con arreglo a una ética de responsabilidad —y no basándose en su convicción personal—. Solo así puede garantizarse su independencia y autonomía interna. El perfil del juez demanda vocación y actitud de conocimiento propio, pensamiento crítico, serenidad y fortaleza de carácter. Consecuentemente, tanto en el plano personal como institucional se promueve el cuidado de sí mismo y de otros, incluyendo la salud física y psico-emocional. Este último aspecto sugiere que se inicien procesos de contención y desahogo psicológico para nuestros juzgadores de manera habitual, ya que, a largo plazo, la carga emocional que soportan en los asuntos que atienden y resuelven puede generar desgastes anímicos o disminución de empatía.

Para la adecuada realización de la función judicial, el juez cuenta con una serie de recursos humanos y materiales que se encuentran bajo su dirección y autoridad. Por ello, el adecuado desempeño del juzgado y, por ende, del tribunal exige que el juez tenga —y desarrolle— competencias profesionales gerenciales de administración, supervisión, dirección y liderazgo. En esta etapa del desarrollo de la presente investigación es posible sostener que los procesos de evaluación de la carrera judicial para ingreso y ratificación de jueces han sido adecuados e investidos de objetividad.

Sin embargo, para hacer frente a las nuevas exigencias metodológicas y normativas de índole internacional falta robustecer el sistema de evaluación basado en méritos dentro del rendimiento laboral y en la calificación del desempeño judicial para el proceso de ratificación de jueces. Este proceso debe ser el resultado de una evaluación continua de seis años —con su respectiva retroalimentación— y debe posibilitar que, si es necesario se reconduzca a aquellos operadores de justicia que se alejen de los principios deontológicos de su labor o que se rezagan en la actualización de sus responsabilidades. De este modo, quedaría postergada la desatinada práctica de evaluarlos en conjunto —y en un periodo muy corto— al culminar el cargo que desempeñan cada seis años.

En este sentido, el primer paso para cimentar el Modelo de Evaluación del Desempeño Judicial para el proceso de ratificación de jueces en la entidad es la necesaria generación de un marco normativo ex profeso bajo la modalidad del Reglamento y Lineamientos del Proceso de Ratificación por Oposición para la designación y ratificación de los juzgadores del Tribunal Superior de Justicia del Estado de México, y de la respectiva Guía de Evaluación. Se aprovecharía, así, la coyuntura de la aprobación de la reciente Ley Orgánica, la cual es regulada de manera innovadora y acertada por la Coordinación General de Evaluación.

La realidad pragmática en el Pjedomex

La Coordinación General de Evaluación del Tribunal Superior de Justicia del Estado de México, tiene un vínculo de gran relevancia con la Escuela Judicial del Estado de México; ya que, en dicha institución se detectan las necesidades de las evaluaciones teóricas; por lo tanto se identifican los contenidos a considerarse en la elaboración de reactivos, ya sea para el proceso de ratificación o de otro proceso de la carrera judicial.

A partir de esa información el Centro de Evaluación, desahoga la Fase Teórica de la Evaluación Judicial, para el proceso de ratificación; de la siguiente forma:

1) Fase Teórica.– De manera técnica se revisan los reactivos, es decir, a través de un Taller con especialistas, se seleccionan los tópicos, se equilibran los contenidos y se pondera la dificultad de los mismos.

Se convoca a Comités para conformar el instrumento de evaluación; en dichos comités se consideran de cinco a seis criterios para cada nivel de desempeño. Además se verifica la vigencia de los reactivos; actualizándolos en cada aplicación de "alto impacto" bajo la metodología y criterios de CENEVAL; es decir, se trata de una metodología analítica y holística.

Respecto a la evaluación práctica, las Visitadurías tienen un papel preponderante, ya que ellas van concentrando las deficiencias del operador jurídico a través de las inconformidades de los justiciables, las cuales pueden evidenciar falencias o aspectos a fortalecer en la formación del servidor judicial de carrera judicial.

La redacción de las instrucciones de las evaluaciones es minuciosamente revisadas por los Comités Técnicos mencionados; con el propósito de evitar sean debatibles a través del juicio de amparo; sin perder de vista el aspecto toral de dichas evaluaciones; que permitan evidenciar y hacer observables las competencias.

Así que, todo el proceso tiene que ser sistemático, imparcial y objetiva; al respecto el Consejo de la Judicatura da las primeras directrices de la evaluación; las cuales el Centro de Evaluación verifica a través de los Comités, para eliminar la inferencia y dar mayor presencia a la fundamentación, la motivación y la exhaustividad; cuidando la congruencia interna y externa; con instrumentos para dar información específica y amplio espectro de medición de avances. En este punto se considera oportuno que, el Centro de Investigaciones Judiciales del Pjedomex coadyuvara en la revisión y validación de los reactivos.

Evaluación Continua, una nueva práctica

A manera de pilotaje desde el año 2022, el Poder Judicial del Estado de México en los magistrados y consejeros de la judicatura ha habilitado un sistema de evaluación continua de nominada de 360 grados; por tratarse de la base teórica y la metodología de evaluación laboral. Aunado a la aplicación de la Escala Likert, un método que permite la evaluación en decisiones de alto impacto, para áreas jurisdiccional y administrativa.

La evaluación 360 grados, es aplicable y funcional al ámbito jurisdiccional, porque permite evaluar y ser evaluado, ya que, en todas las áreas se tienen subordinados; luego entonces, habitualmente a los jueces se les evalúa, pondera o valora desde las diversas áreas o ámbitos en los que se relacionan, permitiendo una evaluación holística; aspecto que resultaría de gran valía que, la Escuela Judicial del Estado de México incorpore y sistematice cursos en éste rubro.

Continuando con el método de la evaluación 360, se encuentra un aspecto muy particular de la evaluación continua denominada “Calidad en las Sentencias”; aquí la metodología aplicable, permite medir el nivel de los escritos jurídicos; sin embargo se tiene muy claro, la necesidad de re-calibrar el instrumento de medición; así como los indicadores y niveles de desempeño; la ruta crítica sería a través de un Comité integrado con la representación de magistrados. Hasta diciembre del año 2023, el sistema de “Calidad en las Sentencias” contaba con seis mil evaluaciones de sentencias, más de trescientos jueces y tres mil seiscientos setenta sentencias con quince instrumentos creados, de los cuales once están activos; de acuerdo a la información proporcionada por la Coordinación General de Evaluación del Pjedomex. La calificación que se pondera y utiliza como máximo es de 100 y 42.1 como mínimo; y existen criterios diferentes por materia y juzgados, incluyendo instrumentos de evaluación específicas para los juzgados en línea; posicionando a la vanguardia al Tribunal Superior de Justicia de la entidad Mexiquense.

CONCLUSIONES

Primera. Detrás de la impartición de una justicia imparcial y de calidad debe haber un cuerpo de funcionarios judiciales que seleccionados y promovidos a través de una carrera judicial.

Segunda. El sistema de carrera judicial brinda legitimidad a los poderes judiciales nacional y locales, y garantiza que sus funcionarios o servidores cuentan con perfiles idóneos para el desempeño del cargo o de la función, dado que son seleccionados, promovidos o ratificados con base en el mérito y en los resultados, y mediante procesos inflexibles, transparentes y neutrales.

Tercera. Para comprender la evaluación del desempeño judicial y su importancia es necesario tener claro qué es la evaluación del desempeño laboral que, con regularidad, viene realizándose en el Poder Judicial mexiquense. Al respecto, la Declaración de Copán-San Salvador de 2004 se establece: «La evaluación es un componente imprescindible para identificar las capacitaciones materiales, recursos o retroalimentación que requieren los funcionarios para mejorar su trabajo y su desarrollo profesional».

Cuarta. En 2017, la Oficina de las Naciones contra la Droga y el Delito señaló que «los sistemas de evaluación del desempeño, la inspección y la auditoría pueden producir efectos en la independencia del Poder Judicial», y declaró que las evaluaciones del desempeño de los funcionarios de carrera judicial deben realizarse de manera periódica y con base en mecanismos objetivos.

Quinta. Los modelos y experiencias internacionales del Poder Judicial de Costa Rica y de Perú resultan son los más adecuados y cercanos a nuestro esquema de carrera judicial y a las realidades que convergen en la exigencia de realizar evaluaciones periódicas para los jueces y magistrados que suelen ser los funcionarios a los que socialmente se les exige una mayor idoneidad y pulcritud en su desempeño.

Sexta. La Guía de Evaluación emitida por el Poder Judicial de Costa Rica es un referente idóneo para ser replicado en México.

Séptima. Los servidores públicos de carrera judicial adscritos al Tribunal Superior de Justicia del Estado de México que conformaron la población-muestra del diagnóstico de la presente investigación manifiestan una aceptación de la cultura de la evaluación de su desempeño laboral, circunstancia que en un futuro próximo permitirá la implementación formal y homologada de la evaluación del desempeño judicial para cada categoría de la carrera judicial.

Octava. Otro indicador valioso obtenido de las respuestas de la población-muestra de la investigación es que los servidores jurisdiccionales están a favor de las evaluaciones de su desempeño, ya que las asocian, en primer lugar, al beneficio del ascenso, lo que refleja la estabilidad laboral de la que gozan y su conciencia de saberse merecedores de reconocimiento laboral.

Novena. La información recabada en la realización del cuestionario aplicado a servidores judiciales evidencia que la calidad del trabajo es considerada por los juzgadores como el factor más importante cuando se evalúa su desempeño, lo cual resulta sensato, ya que sus sentencias o resoluciones son calificadas.

Décima. Factores como la iniciativa, integridad y liderazgo fueron considerados por el grupo-muestra como el segundo factor más importante en su evaluación, ya que dichas cualidades son determinantes para que los juzgadores realicen sus labores de manera diligente.

Decimoprimera. Los encuestados señalaron que las relaciones laborales son el factor de menor relevancia que debe ser considerado en una evaluación del desempeño. A este factor les anteceden los siguientes: el rango de importancia, la capacitación y profesionalización, el cumplimiento de la normatividad, la experiencia laboral y el trabajo colaborativo.

Decimosegunda. La vigente Ley Orgánica del Poder Judicial del Estado de México, publicada el 6 de octubre de 2022, suministra dos grandes pilares para llevar a cabo, a corto plazo, la evaluación del desempeño judicial en el proceso de ratificación de juezas y jueces. En primer término, una clasificación muy específica y concreta de las áreas que conforman el servicio de carrera trata de las áreas del servicio: el área jurisdiccional, el área de archivística y el área de logística y vigilancia. La que incumbe al presente documento es la tipificación de diecinueve categorías en el área jurisdiccional, que permitirá desarrollar los perfiles *ad hoc* requeridos para los procesos de evaluación.

El segundo pilar con el que se implementaría el modelo de evaluación del desempeño judicial para el proceso de ratificación de jueces es una figura de nueva creación y única en todo el país, la denominada Coordinación General de Evaluación, que elaborará por ley los criterios y aplicará los procesos de evaluación a la totalidad de los servidores públicos.

Decimotercera. El presente documento proporciona la descripción de las bases de los perfiles específicos para los juzgadores y plantea el tipo de evaluaciones a considerar —el modelo basado en competencias—, con lo que coadyuvará en la ardua labor de la Coordinación General de Evaluación del Poder Judicial mexiquense.

Decimocuarta. Se sugiere la pertinencia de fortalecer el aspecto de la audiencia en las evaluaciones específicas frente a un sínodo, realizando invitaciones en tiempo y forma a las universidades, colegios y barras de abogados y académicos de diversas instituciones judiciales —como sucede en Coahuila, Nuevo León y en la Ciudad de México— para fortalecer el sistema de méritos y contribuir a la legitimidad de dichos nombramientos ante la ciudadanía, tal y como lo establecen hoy en día los estándares internacionales.

Decimoquinta. En la evaluación psicométrica se recomienda procurar el cuidado psicológico de los juzgadores, por lo que se deberían proporcionarse procesos de contención y desahogo emocional de manera habitual, ya que a largo plazo la carga emotiva que soportan los juzgadores en los asuntos que atienden y resuelven puede generar desgastes anímicos o disminución de empatía, lo cual representa un riesgo para la impartición de justicia.

Decimosexta. Es necesario contar a la mayor brevedad con el Reglamento del Modelo de Evaluación del Desempeño Judicial para generar los Lineamientos del Proceso de Ratificación por Oposición para la designación y ratificación de los juzgadores del Tribunal Superior de Justicia del Estado de México.

Decimoséptima. Una vez sentadas las bases normativas en el reglamento y en los lineamientos citados con antelación, debe procederse a la elaboración de la respectiva Guía de Evaluación.

FUENTES DE CONSULTA

Bibliografía

Bernales Pacheco, Manuel Ignacio, *La Evaluación de Jueces*, Lima: Poder Judicial del Perú, 2016.

Defazio, Federico L., «Pensar como un abogado», *Revista sobre enseñanza del Derecho*, año 12, núm. 23, 2014. Disponible en: <www.derechouba.ar.>. [Consulta: 17/09/ 2022.]

Hernández F., Juan Abelardo, Hugo Saúl Ramírez García y Jaime Olaiz González. *Nuevos perfiles de la educación jurídica en México*, México: Ed. Porrúa y Universidad Panamericana, 2007.

IBD (Instituto Belisario Domínguez), *Dimensiones para la evaluación de los sistemas de justicia*, Senado de la República, 2020. Disponible en: <http://bibliodigitalibd.senado.gob.mx/handle/123456789/4836?show=full.pdf.>. [Consulta: 06/05/2022.]

Jiménez Mayor, Juan F., «Carrera Judicial y Evaluación del Desempeño» *Revista 009 Derecho y Cambio Social*, año IV, 2007. Disponible en: <http://www.justiciayderecho.org.pe/revista4/articulos/Carrera%20J.pdf.>. [Consulta: 27/01/ 2022.]

México Evalúa, *20 Recomendaciones para Consolidar la Carrera Judicial*, México: Ed. Tinker Foundation, 2021.

Olano, H., «Proyecto Tuning: Una Propuesta de Competencias Jurídicas para Colombia», *Redalyc*, año 21, núm. 16, 2007. Disponible en: <http://redalyc.uaemex.mx.>. [Consulta: 01/10/2021.]

Documentos oficiales

Declaración de Copán-San Salvador. *Estatuto del Juez Iberoamericano.* 2004. www.te.gob.mx/eje/media/files/b4c396d4862de58.pdf. Accesado 23 mayo de 2022.

Informe de Labores del Poder Judicial del Estado de México del año 2019.

Informe de Labores del Poder Judicial del Estado de México del año 2020.

Informe de Labores del Poder Judicial del Estado de México del año 2021.

Plan Estratégico 2020-2025 del Poder Judicial del Estado de México.

Poder Judicial de Costa Rica. *Guía de Evaluación del Desempeño del Poder Judicial de Costa Rica.* 2020.

UNODC (Oficina de las Naciones Unidas contra la Droga y el Delito), *Guía de Recursos para Reforzar la Integridad y Capacidad Judiciales.* 2021.

Principios Básicos de las Naciones Unidas relativos a la independencia de la judicatura (aprobados en el Séptimo Congreso de las Naciones Unidas sobre Prevención del Delito y Tratamiento del Delincuente, Milán, 1985).

Estatuto del Juez Iberoamericano (adoptado en la IV Cumbre Iberoamericana de presidentes de Cortes Supremas y Tribunales Supremos de Justicia, Santa Cruz de Tenerife, 2001),

Normatividad

Ley de Carrera Judicial del Poder Judicial de la Federación, del 7 de junio de 2021.

Ley Orgánica del Poder Judicial del Estado de Aguascalientes. Publicado el 9 de marzo de 2020.

Ley Orgánica del Poder Judicial del Estado de Baja California Sur. Última Reforma 20 de octubre de 2014.

Ley Orgánica del Poder Judicial del Estado de Campeche. Publicado el 10 de agosto de 2018.

Ley Orgánica del Poder Judicial del Estado de Chiapas. Última Reforma del 17 de marzo de 2005.

Ley Orgánica del Poder Judicial del Estado de Chihuahua. Publicada el 09 de agosto de 2006.

Ley Orgánica del Poder Judicial del Estado de Coahuila de Zaragoza. Publicada el 11 de diciembre de 2020.

Ley Orgánica del Poder Judicial Estado de Colima. Última reforma: 22 de noviembre 2016.

Ley Orgánica del Poder Judicial de Durango. Última reforma 15 de noviembre de 2020.

Ley Orgánica del Poder Judicial del Estado de Guerrero, 19 de julio de 2011.

Ley Orgánica del Poder Judicial del Estado de Guanajuato. Última Reforma: 22 de diciembre de 2020.

Ley Orgánica del Poder Judicial del Estado de Hidalgo, publicada el 10 de noviembre de 2014 y del 13 de septiembre de 2021

Ley Orgánica del Poder Judicial del Estado de Jalisco del 8 de febrero de 1995.

Ley Orgánica del Poder Judicial del Estado de México de 1995.

Ley Orgánica del Poder Judicial del Estado de México del 06 de octubre de 2022.

Ley Orgánica del Poder Judicial del Estado de Michoacán. Publicada el 20 de noviembre de 2014.

Ley Orgánica del Poder Judicial del Estado de Morelos. Reforma del 06 de octubre de 2021.

Ley Orgánica del Poder Judicial del Estado de Nayarit del 12 de julio de 2021.

Ley Orgánica del Poder Judicial del Estado de Nuevo León. Última reforma: 20 de mayo de 2022.

Ley Orgánica del Poder Judicial del Estado de Oaxaca, del 15 de mayo de 2021.

Ley Orgánica del Poder Judicial de Puebla, del 21 de mayo de 2021.

Ley Orgánica del Poder Judicial de Querétaro mayo del año 2016.

Ley Orgánica del Poder Judicial del Estado de Quintana Roo. Última reforma publicada en el Periódico Oficial del Estado el 05 de abril de 2018.

Ley Orgánica del Poder Judicial de Sinaloa del 05 de abril de 1995.

Ley Orgánica del Poder Judicial del Estado de San Luis Potosí. Última reforma: 22 de mayo de 2021.

Ley Orgánica del Poder Judicial del Estado de Sonora. Decreto del 01 de enero de 2021.

Ley Orgánica del Poder Judicial del Estado de Tamaulipas. Última reforma publicada en el Periódico Oficial: 22 de noviembre de 2020.

Ley Orgánica del Poder Judicial del Estado de Tlaxcala. Última Reforma Publicada en el *Periódico Oficial* el 16 de marzo de 2021.

Ley Orgánica del Estado de Tabasco. Última reforma: 10 de marzo de 2017.

Ley Orgánica del Estado de Veracruz. Última actualización: 16 de marzo de 2021.

Ley Orgánica del Poder Judicial del Estado de Yucatán. Última reforma del 15 diciembre de 2007.

Ley Orgánica del Poder Judicial de Zacatecas del año 2012.

Reglamentos

Reglamento del Consejo de la Judicatura del Estado de Aguascalientes publicado el 31 de enero de 2005.

Reglamento de Carrera Judicial de Baja California Sur. Última reforma publicada en el *Periodo Oficial* en fecha 29 de enero de 2016.

Reglamento de la Carrera Judicial de Oaxaca. Fecha de publicación 5 de agosto de 2000.

Reglamento Interior del Consejo de la Judicatura del Poder Judicial del Estado de Morelos del 10 de junio de 2003.

Reglamento de la Secretaría de la Carrera Judicial del Poder Judicial del Estado de Nayarit de fecha 12 de julio de 2021.

Reglamento de la Carrera Judicial de Nuevo León de fecha 09 de julio de 2021.

Reglamento de Carrera Judicial del Poder Judicial de Yucatán del 02 de mayo del año 2022.

Reglamento de la Escuela Judicial del Poder Judicial del Estado de Zacatecas del 09 de marzo del año 2009.